고양이를

고양이 사진술의 결정판

찍다

COLOR SHINPAN NEKO WO TORU
Copyright ⓒ 2018 Mitsuaki IWAGO, All rights reserved.
Original Japanese edition published in Japan by Asahi Shimbun Publications Inc.,
Japan. Korean translation rights arranged with Asahi Shimbun Publications Inc.,
Japan through Imprima Korea Agency.
Korean translation copyright ⓒ 2019 by Yaong Seoga.

이 책의 한국어판 저작권은 임프리마 코리아 에이전시를 통해
저작권자와 독점 계약한 야옹서가에 있습니다. 저작권법에 의해 한국 내에서
보호받는 저작물이므로 무단 전재와 복제를 금합니다.

고양이를

고양이 사진술의 결정판

찍다

이와고 미츠아키 글·사진 — 박제이 옮김

야옹서가

차례

추천사 … 9
머리말 … 33

제1장 고양이에게 다가가기 … 36

일찍 일어나는 새가 벌레를 잡는다 … 42
고양이 사진을 찍는 최고의 시간대는 아침이어야 하는데 … 46
미니 칼럼 1 · 자유 고양이 … 48
사전 조사의 중요성 … 49
위로, 위로 … 51
촬영 전 준비 체조: 인사는 고양이를 부른다 … 54
고양이는 보고 있다. 그리고 기억하고 있다: 고양이와 거리 유지하는 법 … 58
고양이를 찾는 후각: 피부 감각을 일깨우자 … 64
고양이에게 사랑받는 사람 … 70
모델 고양이 찾는 법 … 77
수컷 고양이와 친해지는 법 … 83
암컷 고양이는 조심스럽게! … 87
어미 고양이와 새끼 고양이의 관계성 … 95
새끼 고양이의 놀이 … 100
일본의 지역별 고양이 얼굴 … 102
미니 칼럼 2 · 고양이를 사랑하는 법 … 103
멋진 세상 … 105
멋이 있는 일본의 풍토를 남기다 … 110
미니 칼럼 3 · 심기와 자존심 … 114

제2장 **촬영** ··· 116

'갑자기'는 금물 ··· 118
준비 체조: 고양이를 안심시킨다 ··· 121
실천하기 ··· 123
고양이와 왈츠를 ··· 136
고양이의 시간표 ··· 140
밤, 그리고 비가 그친 후 ··· 148
미니 칼럼 4 · 움직이는 고양이를 찍자 ··· 152
아마추어 사진가의 도전 ··· 156
귀여운데 찍을 수가 없어요 ··· 158
집 안에서 노리는 셔터 찬스 ··· 160
욕심은 금물 ··· 162
소도구를 이용한다 ··· 164
먹이 사정 ··· 166
고양이의 냄새 ··· 169

제3장 **세계의 고양이** … 172

인간의 길은 고양이의 길 … 177
이런 곳에도 고양이가? … 179
그리스 … 184
이탈리아 … 188
스페인 … 192
이집트 … 194
중국 … 200
이누이트 … 201
고양이어는 세계 공용어? … 204
미니 칼럼 5 · 고양이가 나오는 영화 … 205

제4장 **야생 고양이** … 206

　　사자 … 209
　　'백수의 왕'이란 말뿐 아니라 사자에 대한 오해(?)는 많다 … 218
　　모르니까 재미있는 법 … 222
　　어미 치타의 살뜰한 새끼 돌보기 … 224
　　은혜로운 비 … 225
　　계속 지켜본다는 것 … 228
　　긴장감의 지속 … 230
　　인간의 눈은 편리하다 … 232
　　미니 칼럼 6 · 판다 … 234
　　프로와 아마추어의 차이 … 238
　　비디오카메라 … 240

맺음말 … 244
《고양이를 찍다》에 부쳐 … 245

추천사

"고양이를 잘 찍으려면 어떻게 해야 하나요?" 사실 이런 질문을 받을 때마다 난감했는데, 이제는 망설이지 않고 답을 해도 될 것만 같다. "이와고 미츠아키의 《고양이를 찍다》를 읽어보세요!" 일본 최고의 고양이 사진가이자 50년 가까이 고양이 사진을 찍어온 이와고 미츠아키는 이 책에서 자신만의 '영업 비밀'을 아낌없이 풀어놓고 있다. 그야말로 고양이 사진 찍기의 결정판이라 불러도 손색이 없.

사실 이와고 미츠아키의 이름을 처음 알게 된 건 약 10년 전이다. 삿포로 여행을 갔다가 서점에서 우연히 그의 사진집을 발견하고는 곧바로 집으로 모셔왔다. 그리고 10년 동안 그 사진집을 틈날 때마다 들여다보며 눈 호강을 했다. 몇 해 전 후쿠오카에서도 한 번 더 그의 작품을 만날 기회가 있었다. 때마침 시내에서 그의 사진전이 열렸던 것이다. 시선을 압도하는 그의 고양이 사진을 보면서 나는 궁금했다. 그가 어떤 시선으로 고양이를 바라보고 있는지. 어떻게 그렇게 맑고 밝은 고양이 사진을 찍을 수 있었는지. 이번에 나온 《고양이를 찍다》를 읽고서야 나는 그 해답을 구할 수 있었다. 여러분도 그러리라고 믿는다.

이용한(고양이 작가)

사크레 쾨르 대성당이 바라보이는 몽마르트르의 아파트에 사는 고양이. 광각 렌즈로 배경을 담았다.

돼지를 찍고 있는데 새끼 고양이가 화각에 들어왔다. 동물끼리 서로 마주보고 눈과 눈이 마주치는 건 한순간이다. (우루과이)

돌담 저편에 있는 수컷 고양이가 신경 쓰이는 모양이다. 돌로 만들어진 마을을 화면에 담아 깊이 있는 화각을 연출했다. (보뉴, 프랑스)

미끄럼틀에 내려앉은 낙엽을 장난감 삼아 놀고 있다. 날쌘 움직임을 포착하기 위해 셔터 스피드를 조절한다. (루시옹, 프랑스)

새끼 고양이들의 첫 외출. 낮고 민첩한 움직임에 맞춰 카메라를 지면에 바짝 붙인다. (몽스, 벨기에)

모스크 앞 광장의 노을. 조금이라도 높은 곳에 올라 비둘기들을 보고 있다. 노출은 하늘에 맞춘다. (이스탄불, 터키)

한가로운 유채꽃밭과 푸른 하늘로 봄 느낌을 연출한다.

고양이와의 신뢰 관계는 무척 중요하다. 똑바로 달려오는 고양이의 속도를 계산한 후 초점을 앞에 맞춘다.

주인이 다가오자 "야옹~" 하고 대답한다. 망원렌즈를 이용해 배경인 후지산과 고양이의 거리감을 좁힌다.

그물 위에서 당당히 휴식을 취하는 수컷. 광각렌즈를 이용해 펼쳐지는 그물 모습과 바닥에 그려진 흰 선으로 화각을 구성한다.

수컷 고양이답게 눈에 띈다. 푸르게 펼쳐진 하늘과 흘러가는 흰 구름을 넣기 위해 광각렌즈를 쓴다.

해 질 녘 태양 빛을 역광으로 삼아 고양이 형제를 입체적으로 찍는다. 배경 깊숙이 있는 하늘의 표정을 놓치지 않는다.

사람, 개, 그리고 고양이까지 전원 집합. 수확한 콩이나 배경의 숲 등 화면의 사각지대까지 신경 쓴다.

벼 그루를 베개 삼아 자고 있다. 계절감을 한 폭의 그림처럼 보여 줄 화각을 구상한다. (히로사키시, 아오모리현)

솎아낸 사과 더미 위. 서늘해서 기분 좋으리라. 화면 가득 아름다운 초록으로 차도록 구성한다. (히로사키시, 아오모리현)

팔랑팔랑 떨어지는 단풍잎을 올려다보는 고양이의 시선을 확인하고 화각을 정한다. (미야즈시, 교토부)

오로지 고양이의 표정만을 잡는다. 배경은 이와키산. (히로사키시, 아오모리현)

펑펑 내리는 눈 속에서 다정한 사람이 오기를 기다린다. 쌓인 눈을 제대로 담기 위해 땅바닥에 납작 엎드려 찍는다. (아오모리시, 아오모리현)

새끼 고양이 남매가 사과나무 위에서 놀고 있다. 바로 아래서 광각렌즈로 두 마리 모두 들어오도록 찍는다. (이타야나기마치, 아오모리현)

머리말

"고양이를 찍고 계신가요?"

어느 항구에서 고양이를 찍고 있는데 20대로 보이는 청년이 말을 걸어왔다.

"저는 이런 일을 하는 사람입니다."

청년은 손에 '동물 사진가 ○○○○'이라고 적힌 명함을 들고 있었다. 그는 고양이가 많이 있다는 소문을 듣고 그 항구를 찾아왔노라고 했다.

이런저런 이야기를 나누다가 "저는 이와고 미츠아키라고 합니다"라고 나를 소개했다.

그러자 그는 "아, 이와고 미츠아키 선생님이셨군요!" 하며 송구하다는 듯 웃었다.

실제로 동물 사진가라고 자신을 소개하며 고양이를 찍는 사람들이 늘었다. 그러고 보니 취재(촬영)하다 보면 마을 주민에게 "얼마 전에도 누가 고양이를 찍으러 왔다"는 소리를 들은 것도 한두 번이 아니다.

"고양이를 찍는 사람이 늘었나요?"
편집자에게 이 질문을 받았을 때 곰곰이 돌이켜 생각했다. 내가 고양이를 찍기 시작한 것은 고등학교 때부터였다. 그때부터 오늘날까지 줄곧 고양이를 지켜봐 왔다. 필름카메라에서 디지털카메라로 시대의 흐름이 바뀌면서 사진이 더욱 가까운 존재가 된 탓도 있겠지만, 확실히 고양이를 찍는 사람이 늘었다. 나도 공원 같은 곳에서 사진을 찍는 사람을 심심치 않게 본다. 얼마 전까지만 해도 "대체 뭘 찍는 거예요?"라고 수상쩍다는 듯 쳐다보며 완전히 범죄자 취급을 했는데, 요새는 '아, 고양이를 찍나 보다' 하며 묵인해 주는 사람이 많아졌다. 심지어 "저기에도 있어요, 고양이"라며 가르쳐주기까지 한다. 어느새 '저 사람은 고양이 사진을 찍고 있구나' 하는 순수한 광경으로 보이게 된 모양이다.
개 사진가에 비하면 고양이 사진가가 압도적으로 많다. 그런 현상은 내 홈페이지(digitaliwago.com)에서도 여실히 드러난다. 투고한 사진 중 70퍼센트가 고양이 사진이다. 일본에서는 개와 고양이 모두 각각 1300만 마리 정도를 기르고 있다고 한다. 그런데 사진 투고는 고양이 사진이 압도적으로 많다. 왜일까?

오늘도 공원을 걷다 보면 카메라를 들고 고양이를 찍는 사람을 볼 수 있으리라. 그리고 오늘도, 늘 그렇듯 열정 넘치는 고양이 사진가들에게서 "고양이를 잘 찍으려면 어떻게 해야 하나요?"라는 질문이 쉴 새 없이 날아들겠지.

고양이에게 다가가기

아침의 고양이는 활기차다. 수컷 고양이에게 산책은 영역을 순찰한다는 의미도 있다. 표준렌즈 화각으로 쨍하게 찍는다.

"좋은 아침이다냥" 하고 인사하는 수컷 고양이. 아침에 좋은 사진을 찍으면 기분 좋은 시작이 된다.

일찍 일어나는 새가
벌레를 잡는다

거리는 온통 푸릇푸릇하고 상쾌한 바람이 볼을 간질이는 5월.
1년 중에 일조 시간이 가장 길고 푸른 잎사귀가 반짝반짝 빛나는 계절이다. 내가 가장 이른 시간에 고양이 사진을 찍으러 나서는 계절이기도 하다.

얼마나 이르냐면, 해가 긴 오뉴월에는 늦어도 새벽 네 시 반에는 거리로 나간다. 겨울철이라도 오전 여섯 시 반에는 료칸을 나선다. 아침 해와 함께 길거리에 얼굴을 내비치기 시작한 고양이들에게 인사한다. 물론 촬영을 허락받기 위해서지만. 그렇게 사진을 찍다가 오전 열 시 전에 고양이들에게 간단히 작별 인사를 하고 일단 철수한다. 그리고 점심을 먹고 잠시 쉰다. 그러다 오후 세 시쯤 되면 다시 고양이에게 인사하러 거리로 나선다. 이것이 나의 기본 촬영 방식이다.

"그렇게나 이른 시간에?" 하며 놀라는 분도 있으리라. "일찍 일어나는 새가 벌레를 잡는다"는 말이 있지 않은가. 사전을 찾아보니 "일찍 일어나면 좋은 일이 일어난다"는 뜻이라고 한다. "그 말이 그 말이네"라고 한다면 할 말은 없지만 아무튼 그런 의미다. 요새는 통 들을 일이 없는 말이지만, 적어도 사진을 찍는 사람이라면, 더욱이 고양이 사진을 잘 찍고 싶은 사람이라면 가슴에 새기고 실천해야 할 금언이다. 실제로 아침 일찍 거리로 나서는 일은 고양이를 찍는 사람에게는 정말로 '장점' 뿐이니까.

장점1. 사진가의 기본: 빛을 내 편으로 만들기

가령 한여름 오전 열 시의 빛을 생각해 보면 금세 알 수 있다. 해가 거의 정수리 위에 떠 있으니, 아무래도 이 시간대가 되면 그림자가 짧아진다. 사진은 빛과 그림자가 기본이다. 빛 중에서도 아침 빛이 더 좋다는 것은 이미 아는 사실이리라. 저녁에는 공기 중에 먼지 등 시야를 가리는 물질이 많아진다. 선명도를 살리기 위해서도 아침은 절호의 셔터 찬스를 노릴 수 있는 시간대다.

장점2. 아침이 되면 고양이는 햇살을 쬐러 나온다

바로 이것이 고양이 촬영의 핵심이다. 해님이 나오는 시간이 바로 고양이가 활동을 시작하는 시간이기도 하다. 아침 해가 비치는 곳에는 반드시 고양이가 있다고 생각해도 좋다. 고양이는 내리쬐는 햇살을 온몸으로 한가득 받으며 한참 동안 볕을 즐긴다. 정말로 기분 좋다는 듯 눈을 가늘게 뜨고서. 빛이 닿은 고양이는 실제 몸집보다 크고 의연해 보인다. 참으로 아름다운 광경이다.

장점3. 건강해지는 한걸음: 걷고 또 걷자

고양이를 찾아다니면 건강해진다. 모델이 되어 줄 고양이를 찾으려면 무작정 걸어야 한다. 고양이가 있는 곳을 찾기 위해서는 마을 구석구석을 누벼야 한다. 나도 모르는 사이에 걷기 운동을 제대로 하는 셈이다. 덤으로 그 마을이 생겨난 과정이나 역사까지 알게 된다.

가령 그곳이 옛 조카마치(城下町, 센고쿠 시대 이래 영주의 거점인 성을 중심으로 형성된 도시로, 성의 방위 시설이자 행정 도시, 상업 도시 역할을 하며 번성했다.-옮긴이)였다면 조카마치의 장점을 알게 된다. 무엇보다 아침 공기만큼 상쾌한 것도 없다. 고양이를 찍는 것은 나도 모르는 사이에 새 다리가 튼튼해지고 건강에도 좋은 일인 데다 그 마을을 알 수 있는 기회이기도 하다.

좋은 사진을 찍으려면 아주 조금만 신경 써도 결과물은 천차만별이 된다는 사실을 알아야 한다. 다른 사람과는 다른 나만의 개성이 담긴 사진을 찍고 싶다면, 비단 고양이뿐 아니라 동물 사진을 찍을 때라면 새벽에 이미 카메라를 들고 있거나 필드(촬영지)에 들어가 있어야 한다. 그걸 못 한다면 솔직히 동물 사진가로서는 실격이 아닐까?

고양이와의 마주침을 잘 살리려면 빛을 잘 골라야 한다. 망원렌즈로 입체감을 준다.

고양이 사진을 찍는 최고의 시간대는 아침이어야 하는데

사진의 기본과 사진을 이루는 요소, 고양이의 생태를 생각하면 아무리 생각해도 촬영 시간대는 아침보다 좋은 때가 없…어야 한다. 그런데 웬일인지 최근에는 그리 단언할 수 없게 되었다. 저녁에 돌아다니는 고양이를 제법 자주 보기 때문이다. 실제로 고양이는 저녁부터 밤까지 활발히 돌아다닌다.

고양이의 삶은 인간의 삶과 밀접한 관련이 있다. 인간도 아침 일찍 일어나는 습관이 점점 드물어진 듯하다. 예전에는 인간이 일어나거나 고양이가 인간을 깨우면서 하루가 시작되었다. 인간이 계속 자고 있으면 집고양이는 바깥으로 나갈 수 없다. 고양이도 인간의 수면 습관을 닮아가고 있다. 고양이가 인간의 말을 잘 듣게 된 걸까? 이게 현실인 걸까? 기본적으로 나는 바깥에서 만나는 고양이들을 자연광으로 찍는 것을 원칙으로 삼고 있기에 이건 여간 큰 문제가 아니다.

다른 지역으로 여행을 가도 느끼는 바가 있다. 보통 료칸이나 호텔에 묵는데 조식은 오전 7시부터, 최근에는 아예 오전 8시부터 정해진 시간에 제공된다. 손님의 사정보다도 호텔 쪽 사정을 우선하는 것이다.

예전에는 손님과 숙소가 소통했기에 융통성이 있었다. 하지만 합리주의를 우선하는 요새는 그것도 어려워졌다. 그렇다면 조식 서비스가 무슨 의미가 있단 말인가? 하루에 한 명만 받는 고급 료칸에서는 그나마 소통이 가능할 테지만, 어쨌든 사람과 사람이 소통하기 어려운 세상이 되다니 이대로 괜찮은 걸까?

합리주의를 말하자면 쓰레기를 아침에 내놓아야 한다는 규칙도 해당될 수 있겠다. 최근에는 쓰레기 처리 시간이 일러졌다. 인구가 늘면 합리주의가 당연한 규칙이리라. 하지만 여간해서는 밤에 먹이를 얻기 힘들어진 길고양이 입장은 어떨까? 길고양이가 점점 살기 힘든 세상이 되고 있다.

아침 햇살을 이용해 찍는 고양이 사진은 훌륭하다. 특별한 가치가 있다. 내가 길지 않은 귀중한 아침 시간을 소중히 쓰려는 이유는 이렇듯 멋진 고양이를 한 마리라도 더 만나기 위해서다.

미니 칼럼 1 · 자유 고양이

인간이 키우지 않는 고양이를 일본에서는 '들고양이(野良猫)'라고 부른다.(한국에서는 '길고양이'로 부른다.-옮긴이) 그런데 이탈리아에서는 이들을 '자유 고양이'라고 부른다. 이탈리아 사람들은 '그들만큼 자유로운 생물은 없다!'고 한다고.

이탈리아 고양이들은 가축 중 유일하게 울타리에 갇히거나 줄에 묶이지 않고 자유롭게 살며 사랑받는다. 그러니 길고양이가 아니란다. 물론 이탈리아인도 주변을 돌아다니는 고양이를 보면 길고양이라는 인식은 있으리라. 그래도 그걸 굳이 자유 고양이라고 부르는 게 왠지 이탈리아인답고, 나아가 사랑스럽기까지 하다. 일본에서도 최근에는 바깥에서 사는 고양이를 '들고양이'로 부르며 함부로 대하지 말고 '지역 고양이(地域猫)'라고 부르며 모두 함께 돌보자는 움직임이 있기는 하지만 말이다.

사전 조사의
중요성

고양이 사진을 찍으러 갔는데 정작 주인공인 고양이가 나타나지 않는다면 무슨 소용이겠는가? 함께 사는 고양이를 찍는다면야 상관없지만 바깥에 사는 고양이를 찍으려면 어디로 가야 고양이를 만날 수 있는지가 관건이다. 어느 정도는 사전 조사가 필요한 이유다.

사전 조사는 대체로 '사람들에게 묻기'가 기본이다. 그래도 평소에 자신의 고양이 센서를 열심히 돌려야 한다. 고양이를 좋아하는 지인에게 물어봐도 좋고, 좋아하는 사진집에서 위치 정보를 얻어도 좋다. 지역 고양이를 보살피는 자원봉사자에게 정보를 얻는 방법도 있다. 하지만 막상 촬영을 하다 보면 자기 눈만큼 확실한 것이 없다.

나는 격월간 고양이 잡지인 《네코비요리(猫びより)》에 연재하는 관계로 일본 전국의 고양이를 만나러 다닐 기회가 많다. 그러니 "이와고 씨, 어디로 가면 고양이가 많아요?" 하는 질문을 곧잘 받는다. 하지만 최근에는 "어디어디 가면 고양이가 많아요"라고 딱 꼬집어 말할 수 없게 되었다. 사진을 발표할 때 촬영 장소를 자세히 밝히면 그곳에 고양이가 많이 버려지거나, 심한 경우에는 일부 못된 사람들이 독을 먹이는 등 고양이를 학대하기도 하기 때문이다. 그래서 지금은 촬영지를 ○○시 정도까지만 밝히고 예전처럼 자세히 표기하지 않는다.

'시바마타의 도라 씨(柴又の寅さん, 일본의 인기 영화 및 드라마 시리즈 《남자는 괴로워(男はつらいよ)》의 주인공-옮긴이)' 동상 근처에 고양이가 있다는 것은 사전 조사를 통해 얻은 성과다. 하지만 부디 고양이는 가만히 두었으면 한다.

위로,
위로

나는 어느 동네를 가든, 어떤 동물 사진을 찍든 우선은 마을 전체가 내려다보이는 높은 곳으로 올라간다. 높은 곳에 가면 어디가 고양이가 좋아할 법한 복잡한 골목인지, 어디가 고양이들이 싫어하는 자동차가 별로 안 다니는 길인지, 어디가 볕이 잘 드는 곳인지 한눈에 들어오기 때문이다. 그 마을을 파악하는 것은 고양이의 삶을 파악한다는 말이리라.

따뜻해지면 고양이가 움직이기 시작한다. 조리개를 조여 피사계 심도를 깊게 하면 포개진 지붕 위로 고양이가 시야에 들어온다.

촬영 전 준비 체조:
인사는 고양이를 부른다

"안녕하세요."
내가 촬영보다 먼저 하는 것이 있다. 바로 인사다. 우선 길에서 주민을 만나면 꼭 인사한다. 그리고 옆에 고양이가 있다면 먼저 주인에게 양해를 구한 후 옆에 앉아 있는 고양이에게 인사한다. 세계 어디를 가든 마찬가지다. 이것이 내가 촬영에 앞서 먼저 하는 일이다.
외국에서는 한 발 더 들어간다. 그 나라 말로 "저는 수상한 사람이 아닙니다"라고 종이에 적어달라고 부탁하기도 한다. 그러면 대화에도 탄력이 붙는다. 생각보다 효과가 있다.

"안녕하세요."
우선은 기본적인 인사부터.
"뭐 하러 왔어요?"
약간 수상쩍어하는 주민.
"고양이를 찍으러 왔어요."
대답하는 나.

전 세계를 여행하다 보면 일본만큼 고양이를 찍는 사람이 많은 나라도 없다는 사실을 알게 된다. 처음에는 열 명 중 열 명이 "고양이는 뭐 하러?"라는 표정을 짓는다. 하지만 한 시간도 안 지나서 생판 모르는 사람이 "이봐요. 저기 있어요" 하고 말을 걸기도 한다. 그 사람이 가리키는 곳에는 고양이가 있다.

어떤 바닷가 마을에서 있었던 일이다.

작은 섬마을처럼 규모가 작으면 작을수록 소문은 빠르다. 처음에 만난 사람에게 인사를 한 후 몇 십 분 만에 섬 전체 주민에게 내가 누구고 '무엇을 위해 이곳을 방문했는지'가 알려진다. 빨라서 편리하다고들 하는 인터넷에 비할 바가 아니다.

해가 점점 기울고 고양이도 집으로 돌아갈 무렵, 멀리서 이런 목소리가 들리기도 한다.

"저기요. 사진은 잘 찍었어요?"

그렇다고 마을 주민과 많이 친해지라는 소리는 아니다. 그러면 정작 촬영 시간이 없어질 수도 있다.

"차라도 한잔 할래요? 아직 점심 전이죠?"

이런 살뜰한 마음씨는 무척 감사하지만 여기에 일일이 응한다면 주객전도다. 빛은 초 단위로 변하는 법이니까. 그래도 마을 사람들의 경계심을 풀기 위해, 나아가 기분 좋게 촬영하기 위해서라도 그곳에 사는 사람들과 정보를 주고받는 일은 꼭 필요하다. 소통이 부족한 시대이니만큼 자기 자신을 상대에게 알려야 한다. 잠깐에 지나지 않는 이런 교류가 서로에게 큰 기쁨이 되리라 믿는다.

고양이가 좋아할 것 같은 골목으로 들어간다. 고양이의 시선을 느낀다. 고양이가 먼저 관심을 보여 주었기에 셔터를 눌렀다.

고양이는 보고 있다. 그리고 기억하고 있다: 고양이와 거리 유지하는 법

실은 당신이 고양이를 발견하기 전에 고양이는 이미 당신을 지켜보고 있다. 이런 말을 하면 놀라려나? 다리 곁을 빙글빙글 맴도는 '개냥이'라도 집의 모퉁이(즉 안전한 장소)에 숨어서 면밀히 관찰한 후에 괜찮다는 판단을 내리고서 당신과의 거리를 좁힌 것이다.

고양이뿐 아니라 동물이란 가장 먼저 그 사람이 안전한 사람인지 아닌지부터 파악한다. 카메라를 들고 있는 이 사람이 나에게 해를 끼칠 사람인지 세심하게 판단한다. '이 사람은 괜찮다냥.' 일단 그런 생각이 들면 고양이는 당신 쪽으로 다가오며 사진을 찍도록 허락해 준다.

"나는 고양이가 너무 좋은데 고양이는 나를 싫어한다"는 말을 자주 듣는다. 그 전에 잠시 생각해보자. "나는 고양이가 좋다"는 말의 주인공은 말하는 사람이다. 고양이와 가까워지려면 고양이의 입장에서 생각해야 한다. 내가 "고양이다!" 하며 기뻐서 달려간다고 해서 고양이도 기뻐할 거로 생각한다면 오산이다.

야적장에서 고양이를 발견했다. 고양이의 경계심을 풀기 위해 조금 거리를 두고 지켜보기로 한다.

아이가 쫓아오자 고양이는 귀를 뒤로 젖혀서 아이와의 거리를 계산한다. 광각 렌즈로 깊이감도 표현한다.

고양이는 어린아이를 싫어한다고 한다. 그 이유는 움직임이 격렬하기 때문이라고. 아이들은 고양이가 보이면 고양이를 향해 막무가내로 돌진한다. 만약 자신보다 몇 배나 몸집이 큰 동물이 당신을 향해 똑바로 달려온다면…. 틀림없이 공포를 느끼리라. 마찬가지로 카메라를 들고 똑바로 걸어오는 사람도 고양이에게는 두려움의 대상인 법이다.

내가 만약 길모퉁이에 앉아 있는 고양이를 발견했다면 갑자기 고양이에게 다가가지 않고 일단 지나친 후에 다시 돌아가는 식으로 접근했을 것이다. 모든 고양이에게 이 접근법이 효과적이냐고 묻는다면 그건 또 미묘한 문제다. 즉 고양이든 사람이든 '개성'을 파악해야 하기 때문이다. 주인공은 어디까지나 '나'가 아니라 '고양이'다. 왠지 많은 사람이 그 부분을 오해하는 것만 같은 느낌을 지울 수가 없다.

걸으면서 고개를 들면 고양이와 시선이 마주친다. 도망치지 않게 하는 비결은 험상궂은 표정으로 쳐다보지 않는 것.

생선가게 뒤쪽. 고양이가 목걸이를 하고 있는 것을 놓치지 않는다. 이 고양이에게는 다가갈 수 있다.

고양이를 찾는 후각: 피부 감각을 일깨우자

봄여름가을겨울. 사계절 동안 고양이가 머물기 좋아하는 장소가 있다. 햇살이 골고루 내리쬐며 안심하고 해바라기할 수 있는 장소. 그런 곳은 자연히 고양이들이 모여들고, 고양이들의 사교장이 된다. 그런 장소를 나는 '고양이 집합소'라고 부른다. 그런 '고양이 집합소'에 가려면 어떻게 해야 할까? 무작정 걸어 다니는 것은 운동이라는 측면에서 건강에야 좋겠지만, 고양이를 찾으려 한다면 그다지 현명한 방법은 아니다.

머리로만 생각하지 말고 몸으로, 인간으로서 피부 감각을 발휘하여 내가 편하게 쉴 수 있는 곳은 어디일지 곰곰이 생각해 보자. 그러면 그곳을 향해 절로 몸이 움직일 때가 있다.

신체 감각을 예민하게 갈고 닦아야 한다. 때로는 냄새가 부를 때도 있다. '여기 고양이가 있어!' 고양이 냄새가 난다고 싫어하는 사람도 있겠지만 내겐 뛸 듯이 기쁜 냄새다.

신체 감각을 깨우는 것. 이 또한 어렵게 생각해서는 안 된다. 그 첫걸음으로서, 아침에 일어나면 먼저 창문을 열고 바람이 어느 쪽에서 불어오는지 확인하는 것을 습관으로 만들자. 바람의 방향을 읽으면 '오늘은 약간 습기가 있으니 덥겠네' 등등을 예측할 수 있다. 오늘 하늘은 어떨지, 또 기온은 어떨지, 스스로 판단한다. 그런 훈련이 피부 감각을 키우는 법이다. 아침에 일어나서 TV로 '오늘의 날씨'를 보는 것만으로는 아무것도 체득할 수 없다.

바로 그것이 고양이가 살아가는 법이기도 하다. 그래서 그토록 자기가 좋아하는 장소를 귀신같이 찾아내는 것이다.

걸어가는 고양이의 뒤를 밟은 후 발견한 '고양이 집합소'. 시간을 들여서 천천히 다가가면 이렇게까지 가까이 갈 수 있다.

아차, 못 보고 그냥 지나칠 뻔했다. 고양이를 찾다 보면 자주 하는 생각이다.

고양이들이 따뜻한 볕이 드는 지붕 위에 나란히 나란히. 서로 같은 간격을 유지하여 상대방을 인정해 준다.

고양이에게
사랑받는 사람

고양이에게 사랑받는 사람이 있다. 앞에서 고양이는 격렬한 움직임을 싫어하기에 어린아이들을 피한다고 썼다. 절대 해서는 안 되는 일은 곤히 자는 고양이를 "와, 귀여워라!" 하며 덥석 안아 올리는 짓이다. 기분 좋게 쿨쿨 자다가 이 무슨 날벼락이겠는가! 그건 고양이 입장에서는 도저히 용납할 수 없는 행동이다. "인간이란 정말 제멋대로다냥!" 하고 분명 혀를 내두를 것이다.

어느 마을이든 '고양이 집'이나 '고양이 아줌마'라 불리는 사람이 있다. 고양이 집 주인도, 고양이 아줌마도 굳이 따지자면 젊은이보다는 나이 지긋한 분들이 많다. 나이 지긋한 분은 움직임이 느리다. 그러니 고양이를 잘 놀라게 하지 않으리라. 그런 점이 고양이와 노인이 서로 잘 맞는 이유 중 하나인지도 모른다.

고양이는 언뜻 보기엔 자유롭고 제멋대로인 듯하다. 하지만 고양이는 항상 자기 옆에 있어 주는 사람을 좋아한다. 바쁜 사람보다는 자기와 함께 느긋하게 햇볕을 쬐는 사람. 조곤조곤 그날 하루 있었던 일을 들려주는 사람. 여유로운 시간을, 너무 멀지도 너무 가깝지도 않은 곳에서 공유할 수 있는 사람. 그런 관계를, 고양이는 우리에게 바라는 것이 아닐까?

오랜 세월 취재를 하다 보니 이 생각은 진실에 가깝다고 믿게 되었다. 젊은 사람은 아무래도 시간에 쫓기기 마련이다. 그런 점이 고양이와의 상성에 미묘하게 영향을 주는지도 모른다.

물론 젊더라도 '마음의 여유'가 있다면 고양이에게 사랑받으리라. 그 정도로 사람을 잘 간파하니 고양이는 참 무서우면서도 또 귀여운 생물이다.

고양이에게 말을 걸고 있기에 움직임은 전혀 빠르지 않다. 자기에게 다정한 사람에게는 고양이도 다정한 법이다.

"고양이를 찾고 있쥬?" 하고 말을 걸더니 "내 재미있는 거 보여 줄게유" 하며 고양이들을 소개해 준다.

아름다운 삼색 고양이는 각별히 사랑받고 있다. 고양이도 그 사실을 잘 아는 모양이다.

항상 같은 시간에 항상 같은 발소리가 들려온다. 고양이는 시간을 정확히 기억한다.

고양이를 좋아하는 사람은 고양이의 신체 구조를 잘 안다. 앞발을 쭉 늘려서 스트레칭을 도와준다.

모델 고양이
찾는 법

수컷과 암컷의 차이는 첫째로 몸집의 크기와 골격이다. 대체로 몸집이 큰 쪽이 수컷이다. 수컷은 이마가 훤하고 옆으로 퍼져 있다. 반대로 가늘고 부드러운 곡선을 그리는 쪽은 암컷이다. 다리 굵기로도 알 수 있다. 수컷은 암컷보다 다리가 굵다. 예전에는 거의 백발백중이었다. 그런데 최근에는 가끔 틀린다. 얼굴이 온순해서 암컷이라고 생각하고 다가갔는데 수컷인 경우도 있다. 중성화 수술을 하면 고양이도 암수 구별이 없어지는 듯하다.

고양이를 촬영할 때 어느 정도 성별을 식별할 수 있으면 좋다. 언제나 그렇다고 할 수는 없지만, 모델 고양이로 적합한 쪽은 압도적으로 수컷이기 때문이다. 수컷은 자신의 몸을 보이고 싶어 하는 습성이 있다. 자신의 존재를 과시하고 싶어 한다. 길을 걷는 고양이를 봤을 때 수컷이라면 적극적으로 "안녕, 반가워" 하고 인사해보자. 그렇게 말을 걸었을 때 시선을 피하지 않고 주시하거나 금세 숨는다면 그 고양이는 모델이 되고 싶지 않은 것이다. 그렇다면 일단 물러나자. 한편, 인사했을 때 "나 불렀어?" 하며 이쪽을 노려보지 않고 흥미를 보이는 고양이라면 모델로서 더할 나위 없다. 눈이 마주쳤는데도 숨지 않고 몸을 핥으며 단장하는 고양이라면 모델로서의 소질은 충분하다.

아름다운 삼색 고양이가 줄어든 것 같다. 삼색 고양이와 단풍 색이 일본스러운 조화를 만들어내고 있다.

더운 여름날. 어린 암컷 고양이가 정원 끝에서 '벌거벗은 마하'(스페인 화가 프란시스코 고야의 그림-옮긴이)를 연출한다. "아주 좋아!" 하고 칭찬하면서 셔터를 누른다.

남자답고 멋진 '냥타' 군에게 한눈에 반했다. 빨간 자판기와 잘 어울린다.

해안의 제방을 따라 고양이를 찾고 있었는데 "뭐 도와줄 거라도 있냐옹" 하며 나타난 어린 수컷 고양이.

처마 밑에서 발견한 고양이. 처음부터 웃고 있는 듯 보였는데 하품을 하면서도 역시 웃고 있다.

수컷 고양이와
친해지는 법

일단 수컷 고양이는 활발하다. 자기 영역에 소변을 뿌리면서 활보한다. 이렇게 소변을 뿌리는 것을 고양이 용어로 '스프레이'라고 하는데 자신의 냄새를 묻히기 위한 행위다. "여기는 이 몸의 영역이다냥!" 하고 주장하는 것이다.

수컷 고양이가 돌아다니는 시간에는 다른 고양이를 만날 가능성이 크다. 운이 좋으면 고양이를 좋아하는 사람에게는 더없이 행복한 장소, 즉 앞에서 말한 '고양이 집합소'로 안내해 주기도 한다.

고양이를 따라갈 때 주의해야 할 점이 있다. 바로, 고양이가 나를 너무 의식하지 않도록 하는 것이다. 지켜보되, 거리를 유지해야 한다. 너무 가까이 다가가면 고양이가 이쪽을 의식해서 하던 행동을 멈추거나, 원래 있던 곳으로 돌아가 버릴 수도 있다. 고양이의 신경을 거스르지 않게 조심조심 따라가는 것이 중요하다. 탐정이라도 된 심정으로 쫓으라는 말까지는 못하겠지만, 어찌 됐든 방해는 하지 말아야 한다.

수컷 고양이들이 걷고 있다. 그들을 일단 지나가게 해서 의심을 못 하게 만든 후 조심히 따라간다. 분명 좋은 일이 일어날 테다.

찰나의 눈빛 교환으로 상대의 도량을 가늠한다. 망원렌즈의 효과를 이용한다.

가끔은 앞질러서 먼저 가 있어도 좋다. 고양이를 뒤쫓다가 골목이 너무 좁을 때가 있었다. 그 길을 계속 가면 고양이의 신경을 건드릴 것 같아 고양이보다 한발 앞서서 옆에 있던 다른 길로 냉큼 달려갔다. 먼저 도착해서 기다리고 있던 나는 멀리서 아까 따라가던 고양이에게 "와, 또 만났네" 하고 인사했다. 그렇게 고양이와 친구가 된 것이 한두 번이 아니다.

수컷의 퍼포먼스는 암컷에게 과시하기 위한 수단만은 아니다. 동성이지만 신경 쓰이는 상대, 즉 경쟁자에게 자신의 존재를 뽐내려는 의도도 있다. "어떠냐옹? 나 멋지지 않냐옹?" 그럴 때는 성심성의껏 대답해야 한다. "훌륭해." "몸이 아주 멋진데." "와, 얼굴 크다." 그러면 고양이가 갑자기 '뭐, 나도 이 정도면 괜찮다고 생각한다옹' 하는 표정을 짓곤 한다. 얼굴이 크다는 말은 고양이에게는 칭찬이라고 나는 믿는다.

암컷 고양이는 조심스럽게!

이 세상 형상이 아닌 듯한 고양이와 마주친 적이 있다. 스페인을 여행할 때였다. 산책 중이던 개가 암컷 고양이를 만났다. 거리는 아주 가까웠다. 개는 고양이와 친구가 되고 싶었는지 더 가까이 다가갔다. 그러자 그 고양이가 뒷발로 일어서더니 눈앞으로 다가오는 개의 콧등을 두 앞발로 잡고는 인정사정없이 할퀴었다. 혼신의 일격이었으리라.

순간, 개는 방금 무슨 일이 일어난 건지 영문을 모르겠다는 표정을 짓더니 "깨갱, 깨갱!" 비명을 지르고는 꼬리를 내리며 줄행랑을 쳤다. 그 고양이, 어찌나 무섭던지. 눈은 잔뜩 치켜 올렸고 귀는 머리에 닿을 정도로 바짝 뒤로 젖힌 상태였다. 그럼 나는 어쩌고 있었느냐고? 어안이 벙벙해서 셔터는 누르지도 못했다. 그 정도로 강렬한 경험이었다.

일격을 당하고 잠깐 물러섰던 개가 다시 한 번 고양이 옆으로 달려갔다. 개 입장에서는 고양이에게 호의를 가지고 다가간 것이리라. 그 잠깐 사이에 고양이는 명백히 거부 반응을 표시했는데도 그걸 눈치 못 챈 개가 잘못이있다. 다시 고양이에게 다가갔을 때 노여움을 산 것이다. 고양이로서는 이런 생각 아니었을까? '한 번은 봐줄 수 있어도 두 번은 용서 못 한다옹!' 사람에게 응석을 부리며 자라기 마련인 개는 동물로서 유지해야 할 '최소한의 거리'마저 잊은 걸까?

진심으로 화내면 무서운 쪽은 오히려 암컷 고양이다. 극단적으로 말하자면 자기 주변은 그녀에게는 절대적이고 지켜야만 하는 성지다. 그러니 지키기 위해서라면 무슨 일이든 불사한다. 그런 점에서 수컷은 허용 범위가 넓다. 누군가 침범해 와도 어지간한 일이 없는 한 "그러든가 말든가" 하며 본체만체한다.

이런 에피소드를 소개하면 암컷이 수컷보다 까다로워서 가까이 다가가기 어렵다고 생각할지도 모르겠다. 하지만 고양이를 좋아하는 분이라면 잘 알겠지만, 암컷에게는 암컷만의 멋이 있다. 그것은 오로지 암컷만이 자아내는 부드러운 분위기다. 그리고 봄부터 여름까지는 강인하면서도 다정한 어미의 얼굴이 더해진다. 암컷 고양이와 좋은 관계를 맺는다면 그것만으로도 사진의 폭은 훨씬 넓어진다.

암컷이 혼자서 걷고 있을 때 확인해야 할 것은 배다. 그런 다음 젖을 확인한다. 새끼 고양이가 있구나, 하고 판단된다면 더할 나위 없다. '밥을 먹고 돌아오는 길이구나.' 그렇게 생각하고 조심히, 아주 조심히 뒤를 밟는다. 다다른 곳에는 귀여운 새끼 고양이들이 오글오글 모여 엄마가 돌아오기만을 기다리고 있을 테다.

수컷 고양이에게 길 안내를 부탁한다.

내 걸음이 느려지면 의리 있게 기다려 준다.

자기 영역을 자랑하고 있다.

'고양이 집합소'에 안내해 주기를 기대한다.

고양이는 진지하게 화내고 있다. 하지만 개는 놀이라고 생각하는 모양이다. 고양이와 개가 돋보이는 배경을 고민한다.

어미 고양이와
새끼 고양이의 관계성

오키나와에서 촬영할 때의 일이다. 새끼 고양이 세 마리가 노는 모습을 발견하고는 '오호, 웬 떡이냐' 싶어 촬영을 시작했는데 순식간에 도망가 버린 일이 있다. 처음에는 180㎜ 망원렌즈로 찍었다. 그러다 곧 욕심이 생겨서 한 발, 또 한 발씩 가까이 다가갔다. 그 순간 벌어진 일이었다. 나도 모르게 긴장감을 주고 말았던 것이리라.

'아뿔싸. 너무 가까이 다가갔군. 멀리서 찍었어야 했는데.'

내 행동이 후회스러웠다. 하지만 기다려야 하나 말아야 하나 주저하는 사이에 새끼 고양이들이 다시 같은 장소로 돌아와 놀기 시작했다. 대체 무슨 일이 일어난 걸까? 문득, 등 뒤로 시선이 느껴져서 돌아보니 뒤쪽 벽 위에 어미 고양이가 있었다. 어미 고양이가 새끼 고양이들에게 "이 사람은 괜찮단다" 하고 가르쳐 준 것이다.

새끼 고양이는 모든 것을 어미에게 조종당한다고 해도 과언이 아니다. 엄마가 있으면 새끼들은 안심한다. 만약 새끼 고양이가 사방으로 흩어져 달아나도 절대로 쫓아가서는 안 된다. 아직 가까운 곳에 어미가 있고, 그 어미가 위험한 인물로 판단하지 않는 한 새끼들은 반드시 돌아온다. 이때 핵심은 절대 어미의 심기를 건드려서는 안 된다는 것. 어미를 화나게 했다가는 다시는 사진 찍을 기회를 잡지 못할 테니까.

어미 고양이와 새끼 고양이들. 어린 암컷 고양이들은 근처에서 어슬렁거리는 수컷 고양이를 쳐다보고 있지만 어미 고양이는 관심이 없다.

어미 고양이와 새끼 고양이를 찍을 때는 어미의 몸과 눈의 움직임에 주의를 기울인다. 경계심을 품지 않도록 찍는 사람도 긴장을 풀고 편하게 찍는다.

새끼 고양이가 오더니 파이프 속을 들여다본다.

새끼 고양이가 대체 몇 마리나 들어가 있는 걸까.

파이프에서 노는 새끼 고양이들은 어미가 담 위에서 지켜보고 있으니 안심하고 논다.

놀이는 10분 정도 이어진다.

새끼 고양이의 놀이

생후 반년이 지나면 수컷은 수컷, 암컷은 암컷대로의 놀이가 시작된다. 수컷 새끼 고양이는 숭배자가 있는 경우가 많다. 멋진 수컷 고양이를 자그마한 새끼 고양이가 따라다니는 모습을 곧잘 본다. 이따금 부하를 여러 마리 거느린 수컷 고양이를 만날 때가 있다. 새끼 고양이 나름대로 관찰한 끝에 주변에 있는 수컷 고양이 중 가장 멋진 고양이를 가려낸 것이리라. 새끼 고양이는 동경하는 수컷 고양이에게 고양이 사회에서 살아가는 법을 곁눈질로 배운다. 그것이 꼭 자신의 부모는 아니라는 점이 재미있다.

한편 암컷은 어미 고양이에게 딱 붙어서 엄마 놀이를 하며 사회를 배워나간다. 이것은 이것대로 매우 흥미로운 습성이다. 이런 말을 들어도 새끼 고양이가 암컷인지 수컷인지를 구별하기 힘들다는 사람도 있으리라. 그럴 때는 딱 봤을 때 삼색 고양이라면 그 고양이는 암컷이다(삼색 고양이의 수컷은 수만 마리 중 한 마리 나올까 말까 할 정도로 드물다고 한다). 삼색 새끼 고양이가 보이면 행동을 잘 관찰해 보자. 그러면 알기 쉽다.

젖을 먹이는 시간은 어미 고양이와 새끼 고양이 모두에게 행복한 한때이리라.
가능한 한 눈에 띄지 않는 장소를 골라 몸을 숨긴 후 살며시 셔터를 누른다.

일본의 지역별
고양이 얼굴

고양이 잡지 촬영을 위해 일본 전국 47개 광역자치단체를 돌아다니며 느낀 바가 있다. 처음 만난 고양이의 얼굴이 예쁘다고 느낀 지역에서는, 나중에 만나는 고양이도 예뻤다. 이 지역 고양이는 얼굴이 작네 싶으면 대체로 모두 얼굴이 작았다. 사람도 마찬가지다. 후쿠시마 지방의 얼굴이나 야마가타 지방의 얼굴, 그리고 규슈 지방의 얼굴이 다르다. 얼굴만 보고 출신지를 맞추면 "어머, 어떻게 아셨어요?"라며 상대방이 흥분한 경험이 있는 분도 적지 않으리라. 고양이에게도 지방색이 있다는 게 신기하다. 그건 그렇고, 어느 지역 고양이가 가장 귀엽냐고요? 그건 비밀이에요.

미니 칼럼 2 · 고양이를 사랑하는 법

흔히 일본 남성이 서양 남성에 비해 여성에게 애정을 표현하는 방법이 서툴다고들 한다. 고양이를 대하는 법을 보는 것만으로도 확실히 느낀다.

가령 일부 이탈리아 남성은 놀랄 정도로 고양이를 잘 다룬다. 말을 걸면서 쓰윽, 하고 등을 쓰다듬고 엉덩이를 톡톡 두드린다. 이 모든 것이 자연스럽다. 이건 일본인 남성은 좀처럼 하기 힘든 행동이다. 고양이든 사람이든, 아니 뭐가 됐든 부끄러워하지 않고 자연스럽게 대한다. 뭐, 어쩌면 이것도 남자로서의 퍼포먼스의 차이인지도 모른다.

머리부터 등을 쓰다듬고는 엉덩이를 부드럽게 톡톡 두드리는 이탈리아 남성.
고양이도 만족한 표정이다. 광각렌즈로 고양이를 크게 찍는다.

멋진 세상

아프리카에 사는 누(Gnu)라는 동물은 수십만 마리가 계절 이동을 반복함으로써 종을 유지한다. 이동 도중에 있는 큰 강을 건너면서 매년 수천 마리가 목숨을 잃는다. 이는 자연 도태다. 도태되기 때문에 안정된 개체 수를 유지한다. 예전에 이 모습을 TV 중계로 전한 적이 있는데 아프리카에 있는 나와 도쿄 스튜디오를 연결하는 위성 전파에서 이런 목소리가 들려왔다.

"그렇게 해마다 많이 죽는다면 다리라도 놔 주면 좋을 텐데요."

동물을 사랑하는 마음에 한 말이라는 것은 잘 안다. 하지만 만약 다리를 놓으면 아프리카는 온통 누 천지가 되고 말리라. 이것이 현실이다. 누는 사자나 하이에나가 아무리 잡아먹어도 다 먹을 수 없을 정도로 새끼를 많이 낳아 종을 보존한다. 강을 건너며 꽤 많은 수가 죽는다 해도 멸종하지 않는다. 모든 것은 균형이 중요하다는 이야기다.

가까운 곳을 생각해 보면 고양이와 사람의 관계에도 적용할 수 있는 이야기다. 고양이 개체 수도, 균형이 유지되는 한은 우리 집 정원에 고양이가 와서 오줌을 싸더라도 아마도 문제가 되지는 않으리라. 주택가를 걷다 보면 페트병을 나란히 두어 고양이가 못 들어오도록 막아 놓은 집이 있다. 고양이 수가 너무 늘었으니 고양이를 싫어하는 사람도 덩달아 많아지는 건 어쩔 수 없다. "내 소중한 정원을 망치는 게 바로 너희들(고양이)이야"라는 게 그들의 주장일 텐데, 그 말도 맞다. 하지만 그렇다고 페트병으로 경관을 망치는 것 또한 멋스러운 일은 아니지 않을까?

고양이가 자동차 보닛 위를 걸어 다니는 바람에 고양이 발자국이 찍혔다고 화내는 사람이 있다. '고양이 발자국이 찍혀 있으니 오늘 하루는 즐거울 거야. 왠지 재미있는데?'라고 생각해 보는 건 어떨까? 그렇지 않으면 고양이, 아니 나아가 다른 모든 생물과 공존하기는 어려우리라. 사람이 살아가는 방식과 생각하는 방식에 따라 자아내는 멋이 있다. 원래 자연계가 지니는 멋도 있다. 그런데 인간은 왜 그것을 자기 입장에서만 생각해서 파괴하려 드는 걸까. 멋을 발견하며 살 수 있다면 자연히 그 시점이 사진에 반영되리라고 나는 믿는다.

"이 사진은 멋이 있네요."

내 사진에 대한 칭찬 중 가장 기쁜 말은 '멋이 있다'는 말이다. 이 한마디에도 멋이 깃들어 있지 않은가?

고양이가 어울리는 거리에는 삶과, 문화, 나아가 냄새마저 감도는 듯하다. 이런 곳에서는 광각렌즈가 좋으리라.

길모퉁이에서 나타난 고양이가 골목 저편에 있는 고양이를 보고 있다. 이것만 으로도 한 폭의 그림이 되니, 골목은 얼마나 좋은 장소인가.

멋이 있는 일본의
풍토를 남기다

"쨍하다."

사진에서 자주 쓰이는 말이다. 사진의 배경과 분위기가 산뜻하고 선명하다는 것이다. 이런 조건에서는 멋진 사진이 탄생한다. 소리에도 쨍한 소리가 있듯이.

일본은 습기가 많아서 쨍한 사진을 찍기가 어렵다. 하지만 이 습기와 일본의 고양이가 어우러지면 형용할 수 없는 멋이 생겨난다.

검은 벽, 기와지붕 등. 오래된 마을이라면 더욱 좋다. 자동차가 다닐 수 없는 길이 많은 마을, 언덕이 있는 마을, 조카마치. 인간의 움직임이, 모든 움직임이 한 박자 느린 마을이 고양이에게 어울린다.

예부터 칠기로 유명한 와카야마현 구로에에서 촬영할 때의 일이다.

오래된 마을에 복잡한 골목. 걷고 있는 내 눈앞에 기다렸다는 듯 삼색 고양이가 모습을 드러냈다. '옳거니!' 싶어 정신없이 셔터를 눌렀다. 잠시 후, 삼색 고양이는 "야옹, 야옹" 하고 울면서 가까이 다가왔다. '이 사람과는 친구가 될 수 있겠다옹' 하고 판단한 것이리라. 엎드려서 셔터를 찰칵찰칵 누르고 있는데 몇 집 앞에 있던 아주머니가 가까이 다가오고 있었다. 다 큰 어른이 땅바닥에 엎드려 있는 상황이다. 그런 나

자신을 냉정하게 보며 '어라, 혼나겠다!' 싶어 서둘러 자리를 털고 일어났을 때였다.
"좋겠네, 미짱. 사진도 찍어 주시고."
다정한 목소리가 위에서 내려앉았다. 고양이를 좋아하는 분이라는 사실을 바로 알 수 있었다.

지붕에 고양이가 있는 것만으로 즐겁다. 고양이도 햇살이 기분 좋은 모양이다.

그분과 대화를 나누면서 그 말에는 두 가지 의미가 있다는 사실을 알았다. 하나는 '우리 미짱의 사진을 찍어 주다니' 하는 기쁨. 또 하나는 '사라져가는 마을을 기록해 주다니 고마워라' 하는 애수. 그 예스러운 마을은 곧 사라질 운명이라고 했다. 그러니 마을을 기록으로 남겨 주기를 바라는 마음이었던 것이리라. 기록은 사진이 지니는 본연의 역할이기도 하다.

일본의 지방 도시는 커다란 간선도로에 대형마트가 속속 들어서면서 어디를 가든 비슷한 풍경이 되어버렸다. 이런 곳은 주로 자동차를 이용하는 사람을 위한 거리 조성이리라. 예전에는 깃들어 있던 지방색도 모습을 감추고 말았다. 편리함을 추구하는 사람에게는 좋을지도 모르지만 고양이에게는 살기 어려운 세상이다. 시험 삼아 파인더 너머로 마을을 살펴보기 바란다. 이 풍경은 한 폭의 그림이 될 마을인가? 그리고 무엇보다 멋이 느껴지나? 구로에의 정취 넘치는 마을이 어떤 모습으로 변할지는 알 수 없다.

사전 조사를 할 때 자기가 좋아하는 마을이 지금도 제대로 보존되어 있는지를 확인하는 것은 중요한 일이다. 여러분이 고양이를 찍을 때는 고양이가 그 풍경에 잠깐 앉아있는 것만으로 멋이 확 살아나는 그런 마을을 찾아가기를 바란다.

미니 칼럼 3 · 심기와 자존심

고양이의 심기는 몸으로 나타난다. 편안할 때는 몸이 부드럽다. 반대로 심기가 불편할 때는 몸이 뻣뻣해진다. 그럴 때는 "야, 너 등에 너무 힘 들어갔어~" 하며 잠시 쉬어간다. 그런 시각으로 바라보면 재미있기도 하다.

사람과 사람이라면 말을 섞어야 비로소 알 수 있을 때와, 굳이 말을 섞지 않아도 알 수 있을 때가 있다. 그것은 신호랄까, 서로가 확인해야 비로소 알 수 있는 것이지만 고양이는 뒷모습만 봐도 알 수 있다.

인간은 겉으로는 눙칠 수 있는 생물이다. 정말 짜증이 나도 일이니까 방긋, 할리우드 스타처럼 웃으며 아닌 척하기도 한다. 하지만 고양이에게는 그런 건 통하지 않는다. 고양이는 인간 본질 꿰뚫기의 귀재다. 인간끼리라면 "저 사람은 특이하기는 하지만 개성적인 사람이야"라고 해석할 경우에도, 고양이의 눈에는 있는 그대로의 모습이 투명하게 비친다. 고양이는 인간의 본질을 단숨에 꿰뚫어 버린다. 그것이 고양이의 강점이기도 하다. 아무리 고양이를 어르는 목소리로 아양을 떨며 다가와도 전부 간파해 버린다.

고양이를 대할 때 조심해야 할 것이 있다. 절대 고양이의 자존심에 상처를 내서는 안 된다는 것. 사실 고양이는 꽤 실수를 한다. 높은 곳으로 점프하려다 올라가지 못하고 떨어지기도 한다. 이게, 보고 있자면 재미있다. 재미있기는 하지만 웃지 않으려고 조심한다. 만약 "바보!" 하며 큰소리로 웃으면 순식간에 고양이의 몸이 굳는다. 그런 기죽은 모습이라니. 안쓰러울 정도다. 근데 보고도 못 본 척하는 것도 고양이는 다 꿰뚫어 보는 건 아닐까.

등에도 표정이 있다. 기분이 좋으면 등이 부드럽다. 그 순간에도 귀는 방심하지 않는다.

2장

촬영

'갑자기'는 금물

"이때다 싶어서 카메라를 들지만 이미 좋은 셔터 찬스를 놓친 후예요."
이런 고민을 곧잘 듣는다. 그도 그럴 것이다. 내 눈으로 보는 바로 그 순간이 셔터 찬스이므로 그때 카메라를 들면 이미 늦으니까.
이런 일은 왜 항상 반복될까? 아마도 카메라를 들었을 때 사진에 대한 마음의 허용 범위가 좁은 것이리라. 혹시 화면 구성이나 셔터 찬스에 지나친 잣대를 들이대고 있지는 않은가? 선입견을 가지고 있지는 않은가? 우선은 숨을 깊이 들이마시고 느긋하게 카메라를 들어보는 것도 한 방법이다.

"저만 보면 고양이가 꽁무니를 빼요."
이것도 많이 듣는 이야기다. 누군가 "자, 나는 이제부터 너를 찍을 거야" 하고 카메라를 들고 다가온다면 당신은 어떨 것 같은가?
고양이는 위압감을 느끼는 상황이나 빠른 움직임을 제일 싫어한다. 고양이가 도망친다면 어떤 식으로든 긴장감 혹은 불쾌감을 주었다는 증거다.
'풍림화산(風林火山, '바람처럼 빠르게, 숲처럼 고요하게, 불길처럼 맹렬하게, 산처럼 묵직하게'라는 뜻으로, 병법에서 상황에 따라 군사를 적절하게 운용하여야 승리를 거둘 수 있다는 말이다.-옮긴이)'이라는 말이 있다. 《손자병법》에 나오는 말인데 일본에서는 다케다 신겐(武田信玄, 센고쿠 시대의 일본 무장-옮긴이)이 전술에 응용한 것으로도 유명하다. 어쩌면 고양이의 움직임이 그와 비슷한지도 모르겠다. 막상 움직일 때는 빠르지만 대체로 움직이지 않고 가만히 있다. 긴장의 끈을 놓지 않고 상대를 확인하고 또 확인한다. 사진을 찍는 것은 피사체인 고양이에게 허락을 받는 행위이므로 고양이의 입장이나 기분을 고려해서 행동해야 한다. 그런데 조급한 마음을 억누르지 못하고 "나는 네 사진이 찍고 싶다고!" 하면서 돌진한다면 "나는 찍히고 싶지 않다옹!" 하며 줄행랑치는 것도 당연하다.

내가 신중하게 행동한다 해도 상대는 동물이다. 동물이기에 예측은 불가능하다. '고양이가 움직이는 바람에 사진을 못 찍었어'라고 생각하기보다는 '내 움직임이 이래서 고양이가 싫어했구나'라고 생각해야 한다.

자동차가 다니지 않고 바람을 피할 수 있으며 아침 햇살이 드리우는 곳. 고양이가 조용히 쉬는 모습을 망원렌즈로 담는다.

준비 체조:
고양이를 안심시킨다

겨울. 시각은 정오. 드디어 빛이 건물 그늘에도 비스듬히 비춘다. 사위가 꽁꽁 얼어붙을 듯 추운 날이었다. 가만히 기다리는데 마침 고양이가 양지로 들어가 앉았다.

"좋아, 좋아."

가슴 뛰는 순간. 그런데 카메라를 들이대자 고양이는 재빨리 움직여 건너편 응달로 쏙 숨어 버렸다.

좋은 순간, 좋은 배경, 좋은 고양이, 좋은 빛. 이 모든 것이 갖춰진 최고의 촬영 기회가 찾아오면 아무래도 조급해지기 마련이다.

하지만 찍는 사람은 긴장해서는 안 된다. 이것이 고양이를 안심시키는 비결이자 철칙이다. 하지만 의외로 실천하기 어렵다. 셔터 찬스라고 생각하면 생각할수록 괜히 몸에 힘이 들어간다.

경험이라는 말은 쓰고 싶지 않지만, 역시 횟수를 거듭하여 경험을 쌓으라는 말밖에는 해줄 수 있는 말이 없다. 경험을 쌓는 만큼 긴장도 누그러질 테다. 그렇게 고양이를 만나는 횟수가 많아지면 셔터 찬스도 늘기 마련이다.

처음부터 일부러 고양이를 찾아 멀리 있는 섬이나 항구까지 갈 필요는 없다. 우선은 가까운 고양이를 관찰하는 것부터 시작하면 어떨까? 매일 지나다니는 길이라면 아마도 같은 고양이를 여러 번 만날 것이다. '그 고양이는 이렇게 움직여.' '이런 암컷과 수컷이 있어.' '그 암컷에게는 새끼가 있어.' 이런 식으로 고양이의 가족 관계나 사회 구성 등 다양한 면까지 살필 수 있다면 자연히 친근감도 강해지리라.

이때 가까이 다가가려면 수컷을 노려야 한다. 1장에서도 말했지만 암컷은 경계심이 강하다. 새끼가 있는 경우에는 더욱 그렇다. 이 사실을 아는 것과 모르는 것은 하늘과 땅 차이다.

모든 것은 '야옹 님'에게 달렸다. 고양이와 친해지고 싶다면 일단은 관찰해야 한다. 고양이를 찍는 것은 보는 것으로 시작해서, 보는 것으로 끝난다고 해도 과언이 아니다.

실천하기

그림을 그릴 때도 순간적으로 끓어오르는 자신의 감성 그대로 그리면 엉망이 될 때가 있다. 사진은 더욱 그렇다. 셔터를 누르면 그 순간 완성되어 버리는 게 사진이다. 그래서 더 무섭다. 피사체가 인간이라면 조금만 오른쪽으로 가 주세요, 왼쪽을 봐 주세요, 하며 연출을 할 수 있다. 개를 찍을 때도 어느 정도는 연출이 가능하다. 하지만 야생동물이나 고양이는 그리 되지가 않는다. 그렇다면 어떻게 해야 할까?

1. 망원렌즈를 사용한다

망원 줌 기능이 있는 렌즈, 혹은 단초점 망원렌즈군을 가지고 있다면 그것을 이용하여 거리를 두어 촬영한다. 나도 촬영 초반에는 망원렌즈를 쓴다. 거리를 두는 이유는 고양이가 경계심을 품지 않도록 하기 위해서다. 가령 멀리서 찍고 있는데도 고양이가 눈치 챘다면, 틀림없이 내가 고양이에게 품평당하고 있다고 생각해야 한다. 위험한 사람인지 아닌지, 고양이는 알고 싶은 것이다. 고양이는 당신을 놓고 열심히 심사 중인 셈이다. 카메라를 별로 본 적이 없는 고양이라면 더욱 심하게 경계하면서 당신을 뚫어져라 쳐다보며 관찰할 것이다.

우선 전체 상황을 찍어본다.

그러고 나서 마네키네코 사이의 고양이를 표정까지 담아낸다.

문설주 위에 있는 고양이를 발견하고는 인사 대신 우선 찰칵.

그리고 고양이가 잘 보이는 위치로 이동해서 찍는다.

2. 각도(앵글)에 신경 쓰자

사진을 찍을 때는 각도가 중요하다. 일반적으로 고양이의 시선에 맞추어 카메라를 낮은 위치에서 잡으면 고양이답게 찍힌다. 새끼 고양이라면 눈높이는 더욱 낮다. 카메라가 거의 지면에 닿는 느낌으로 잡으면 좋다.

하지만 그것만으로는 평범해서 재미가 없다. 고양이를 보는 높이와 카메라 시선의 위치를 바꿔 본다. 상하뿐 아니라 전후좌우 다양한 위치에서 고양이를 살펴보면 좋다. 높은 앵글에서 보는 편이 더욱 귀여워 보이는 고양이가 있는가 하면, 조금 둥근 얼굴의 고양이는 옆에서 볼 때 더 귀여울 수도 있다. 심지어 등 모양이 제일 귀여운 고양이도 있다. 다양한 각도에서 보면 볼수록 자신의 이미지에 가까운, 고양이와의 상성이 가장 좋은 앵글을 발견할 수 있다.

3. 빛을 내 편으로 만들기 위해

촬영을 위해 들이는 5분이라는 시간은 긴가 짧은가? 1분. 단지 그 시간만으로도 빛의 상태는 달라진다. 사진은 그림을 그리듯 자유롭게 찍히지 않는다. 그렇다면 앞에서 쓴 것처럼 다양한 각도로 고양이를 보고, 빛을 이용해 이미지를 담아내야 한다. 그러기 위해서 1분 1초를 소중히 여겨야 한다. 움직이면서 고민하고 찍으면서 사진으로 완성해 나간다.

4. '구도'를 생각하자

완벽한 자태, 부드러운 곡선, 고양이는 그저 가만히 있는 것만으로 아름답다. 어미 고양이가 새끼 고양이에게 젖을 물리고 있거나, 고양이끼리 사이좋게 어울리는 모습을 보면 그것만으로도 자꾸만 카메라를 들이대고 싶어진다. 물론 이것도 중요한 요소다. 그러나 여기에는 구도를 구성하는 행위가 빠져 있다. 이것은 아마추어가 저지르기 쉬운 초보적인 실수다. 자칫하면 촬영을 전적으로 피사체에만 의존해 버리게 된다.

고양이의 표정이 움직일 때가 셔터 찬스다.

등 무늬에서도 그 고양이 고유의 매력이 드러난다.

폐가에서 돌아다니는 고양이를 발견했다. 빛 속에 있었기에 알아챌 수 있었다.
꾸벅꾸벅 조는 고양이 그림.

미남 고양이는 정면에서 비치는 광선을 이용해 정공법으로 찍는다. 신경을 거스르지 않기 위해 망원렌즈를 사용한다.

목장의 고양이. 몸이 젖소 무늬였기에 뒤에 있는 얼룩소의 구도를 고려하며 찍는다.

5. 배색에 신경 쓴다

가령 배색에 집착하는 방법도 있다. 고양이의 초록색 혹은 갈색 눈동자. 그 눈동자 색과 배경이 되는 벽의 색 등이 겹쳐지면 사진의 질이 확 올라간다. 고양이와의 관계에 익숙해지면 꼭 시도해보라고 말해 주고 싶은 테크닉이다.

6. 고양이만 보지 않는다

여유가 생기면 지금껏 보이지 않던 것이 보인다. 초조함에서 해방되기 때문에 실수도 적어진다. 그리고 극단적인 이야기를 하자면 이 한 문장으로 귀결된다.

"고양이만을 보지 말고 화면 구석구석까지 시신경이 골고루 닿게 해야 한다."

고양이와 왈츠를

촬영하면서 곧잘 생각하는 것이 있다. 이를테면 '고양이가 2미터만 왼쪽으로 가 주면 최고의 배경이 될 텐데' 같은 것. 그런데 그런 생각을 하면 대체로 내 바람과는 달리 반대쪽으로 휙 가 버린다. 그래도 일단은 염원하자. 그래도 안 된다면 약간의 속임수 동작을 쓰는 것도 좋다. 왼쪽으로 와 주기를 바랄 때는 반대쪽인 오른쪽으로, 내 쪽으로 오기를 바랄 때는 뒤로 물러나는 식으로. 그 자리에 멈춰 서기를 바랄 때는 조금 앞으로 가거나 뒤로 물러난다. 그러면 고양이도 나를 신경 쓰기 시작하거나 움직임을 멈춘다. 이게 참 신기하다. 교감을 하는 느낌이랄까? 처음에는 거리가 떨어져 있어도 자연스레 서로 거리가 좁아져서 우리도 모르는 사이에 서로 왈츠를 추듯 편한 사이가 된다.

이따금 가까이 다가와 주는 고양이도 있다. 가까이 와 주면 물론 사진은 찍기 쉽다. 하지만 그런 고양이가 훌륭한 피사체가 되느냐 하면 그건 또 별개의 이야기다. 긴장감이 서린 고양이의 얼굴이 더 좋을 때도 있다. 긴장감이 있는 편이 좋은지 나쁜지는 배경이 되는 풍경과 관련이 있다. '이 풍경에서는 치근덕거리는 얼굴이 어울리지 않으니 풍경을 흐리게 찍어야겠다' 등등을 생각할 수 있게 됐다면 관찰력이 상당히 길러졌다고 생각해도 좋으리라.

어미 고양이뿐 아니라 동물에게는 한 번이라도 미움을 사면 절망적이라 해도 좋을 만큼 거리를 좁히기 힘들다. 왈츠를 추기도 하고 약간 비스듬하게 지그재그로 가까이 다가가기도 하면서 조금씩 거리를 좁혀가는 것이 중요하다. 이것이 자연스럽게 잘 되면 좋은 관계가 맺어진다. 그것은 곧 좋은 사진으로 이어진다.

나는 사진 대회에 심사위원으로 참여하여 다양한 작품을 본다. 그리고 한없이 부자연스러운 사진을 만난다. 고양이뿐 아니라 날아오르는 새 사진 등이 많다. 새를 일부러 날게 해서 날갯짓하는 순간을 찍는 것이리라. 그런 사진에는 여지없이 불편함도 찍히는 법이다. 바람의 방향이 바뀌면 새는 날아오르게 마련이다. 그 순간에 셔터를 누르면 자연스러운 사진을 찍을 수 있다. 연출을 하려면 가능한 한 자연 조건에 맡기자.

담벼락 위에 있던 어미 고양이와 새끼 고양이.

새끼 고양이에게 가까이 다가가서 몇 장 찍는다. 잠시 떨어져서 둘을 관찰한다. 고양이와의 거리가 중요한 순간이다.

고양이의 시간표

1년 중 고양이가 가장 바깥을 많이 돌아다니는 계절이 있다. 어딜 가나 고양이 천지인 계절. 바로 고양이들의 사랑이 꽃피는 계절인 늦겨울부터 봄까지다. 물론 초여름에도 번식기가 있지만 메인 이벤트는 이때다. 암컷이든 수컷이든 따뜻한 날이면 인연을 찾아 하루 종일 돌아다닌다. 고양이가 활발히 움직이므로 사진을 찍는 사람 입장에서 보면 쉽게 고양이를 만날 수 있는 계절이라 하겠다. 그러나 짝을 찾느라 바쁜 고양이들은 사람 따위는 안중에도 없다.

사람보다도 오로지 고양이, 고양이, 고양이. 고양이는 1년에 한 번 있는 이 대대적인 이벤트로 정신없이 바쁘다. 고양이의 정신이 그쪽으로 쏠려 있는 만큼 우리에게는 기회가 된다. 그 시기만은 다소 실례를 범해도 눈감아 주기 때문이다. 마치 "지금 인간이나 관찰하고 있을 때가 아니다냥" 하고 말하듯. 어떤 의미로는 방어벽이 헐거워지기에 절호의 셔터 찬스가 자주 찾아온다.

고양이에게는 계절감만 있는 것이 아니다. 시간도 정확히 파악하고 있다. 고양이는 평일과 주말을 확실히 알고 있다. 고양이와 사이좋게 지내는 사람이 토요일, 일요일이 휴일이라 그다지 움직이지 않는 경우에는 고양이도 움직이지 않는다. 반대로 고양이를 싫어하는 사람이 주말이 휴일이라 고양이의 영역에 가까운 곳에 있으면 그때만 다른 곳으로 가 버린다. 또한, 장소가 항구라면 배가 몇 시에 돌아오는지를 고양이들은 누구보다 잘 알고 있다.

예전에 고양이가 많이 모인다는 이야기를 듣고 어느 항구에 찾아갔는데 고양이는커녕 고양이 그림자도 얼씬하지 않았다. 항구도 한산했다. 엉터리 정보였구나 싶어서 어깨를 늘어뜨리고 있는데 한 어부가 배는 내일 아침에 돌아온다고 했다. 다음 날 아침, 마음을 가다듬고 항구로 갔더니 이게 웬걸! 여기도 고양이 저기도 고양이, 온통 고양이 천지였다. 열다섯 마리는 족히 돼 보였다. 그 고양이들은 먼 바다에서 배가 돌아오기를 기다리고 있었다.

암컷이 수컷을 발견하고 다가가려 한다.

그곳에 다른 수컷이 나타난다. 카메라를 앞에 두고 드라마가 펼쳐진다.

고등어 무늬 암컷 고양이 한 마리를 수컷 고양이 여섯 마리가 둘러싸고 있다.
일촉즉발의 상황이다.

고양이의 배꼽시계는 정확하다. 배가 도착하는 시간이 되면 귀신같이 고양이들이 모여든다.

아침 햇살 속에서 열심히 단장하는 수컷 고양이. 빛을 이용해 앵글을 정한다.

밤, 그리고
비가 그친 후

한여름 무더운 날에는 고양이가 돌아다니는 시간대가 늦어진다. 해가 뉘엿뉘엿 질 무렵에 슬슬 움직이기 시작해서 아스팔트의 열이 식을 무렵에 길을 배회하는 일이 많다. 여름에 고양이를 보고 싶다면 저녁이나 밤을 추천한다.

디지털카메라는 촬영 감도 설정을 쉽게 변경할 수 있어서 편하다. 사진을 크게 확대하거나 책이나 잡지에 실을 것이 아니라 어디까지나 혼자서 즐기는 정도라면 감도를 높여 밤에 켜지는 가로등만으로도 사진은 찍을 수 있다. 감도를 올리면 아무래도 그만큼 화질이 떨어지지만, 고양이의 움직임이 재미있다면 좋은 사진이 되는 법이다.

나는 스트로보(플래시)를 거의 쓰지 않는다. 자연광만 한 빛은 없다고 믿기 때문이다. 동물의 자연스러운 움직임을 포착할 수 있는 빛이 가장 바람직하다. 숨이 턱 막히는 사진은 스트로보를 이용해서 고양이의 움직임이 멈춘 듯 찍은 것들이 많다. 8분의 1초, 15분의 1초 등 손이 떨릴 것 같은 속도로 셔터스피드를 맞추고 굳이 스트로보를 사용하는 촬영법도 있다. 이들 모두 프로가 쓰는 방법인데 그러면 배경은 흔들려도 피사체만큼은 고정된다. 하지만 이런 방법은 100장을 찍으면 좋은 사진이 한두 장 나올까말까 하다는 게 내 생각이다. 밤에 사진을 찍을 때도 마찬가지다. 스트로보로 고양이가 딱 멈춘 사진을 찍기보다는 다소 흔들리더라도 고양이의 자연스러운 모습을 찍는 편이 고양이의 움직임을 더욱 즐길 수 있는 사진을 만들어내지 않을까?

계절을 불문하고 고양이를 촬영할 절호의 기회가 찾아오는 때는 비가 그친 후다. 가령 소나기가 내릴 때 오후에는 그치겠구나 싶으면 거리로 나가자. 운이 좋으면 비가 그치기를 기다리던 고양이들이 기다렸다는 듯이 거리를 활보하는 모습을 볼 수 있을지도 모른다. 고양이는 인간의 움직임을 따르는 법이다.

고양이들이 사랑에 빠지는 계절. 밤의 정적 속에 고양이 소리가 울려 퍼진다.

비가 그친 후. 맑은 공기를 마시며 고양이가 거리를 엿보는 시간이다.

미니 칼럼 4 · 움직이는 고양이를 찍자

"사진을 찍을 때 가만히 있어 주질 않아요."

자주 듣는 말이다.

그리고 이런 말도 한다.

"부탁이니 가만히 있어 줘."

계속 둥글게 몸을 말고 자다가도 쭈욱~ 스트레칭 한 번 하더니 움직이기 시작한다. 그 움직임 그 자체가 이루 말할 수 없이 아름답다. 그것은 고양이의 몸이 완벽하기 때문 아닐까? 움직이는 고양이의 이미지도 매우 귀엽고 아름답다는 사실을 여러분도 잘 알 텐데….

'고양이가 가만히 있지를 않는다'고? 그렇다면 주저 말고 움직이는 고양이를 찍기 바란다. 생각지도 못한 수확을 얻을 테니까.

빛 속에서 달리는 고양이는 아름답게 빛난다. 카메라를 고양이의 움직임에 맞춰 옆으로 찍어 본다.

새끼 고양이의 놀이를 찍다 보면 카메라를 의식해서 동작을 취해 주기도 한다.

아마추어 사진가의
도전

사진 대회를 열면 수많은 고양이 사진이 도착한다. 그 사진을 보면서 개인적으로 흐뭇하게 여기는 사진은 초보자가 찍은 사진이다. 고양이의 움직임이 제한되어 있지 않으므로 사진이 자유롭고 생생하기 때문이다. 찍는 각도나 빛을 무시하고 "고양이다!" 하면서 온 정신을 쏟아 자기 집에 함께 사는 고양이를 찍는다. 각도를 깡그리 무시한 채 사진을 찍는 사람도 많다. 분명 이런 사진을 찍고 싶었겠지, 하고 제멋대로 상상력을 발휘하며 나도 모르게 깊이 생각하게 된다. 그만큼 매우 흥미롭기는 한데, 상을 주는 것은 그것과는 별개다. 재미와 사진을 빚어내는 일은 또 다른 이야기다.

과감한 도전도 늘었다. 고양이의 움직임에 맞춰서 찍는 사람의 모습마저 상상이 되는 사진. 고양이가 눈을 동그랗게 뜨고 놀란 얼굴로 위를 보고 있으면 '앗, 위에서 오뎅꼬치 같은 걸 흔들고 있구나!' 생각한다. 이런 사진은 왠지 촬영자의 열정이 전해져서 흐뭇해진다.

제한을 두지 않는 것이 아마추어의 강점이다. 어떤 앵글이든, 어떤 시간대든 제한이 없다. 고양이가 찍히면 그걸로 됐다는 식이다. 때로는 얼굴이 절반쯤 잘려서 놀랄 때도 있다. 그야말로 예술적이다! 이 얼마나 자유로운가!

하지만 사진 찍기에 요행은 없다. 이따금 요행이라 말하는 사람도 있다. 하지만 그는 분명 그 수준의 사진을 늘 찍을 수 있는 사람이리라. 초소형 카메라로 응모하는 사람 중에도 잘 찍는구나 싶은 사람이 있다. 솔직히 이런 사람에게는 일안 반사식 카메라를 쥐어 주고 싶지 않을 때도 있다.

사진을 잘 찍는 사람은 고양이를 보는 눈이 이미 정해져 있기 마련이다. 시선이 일정하다. 그의 눈이 이미 카메라가 되었다고 해도 좋으리라. 잘 찍는다는 표현이 조금 이상하다면 적어도 사진 찍는 방법을 알 수 있다고는 할 수 있다. 다시 말해 고양이와 다양한 거리감을 유지하는 법을 알고 있는 사람이라는 점은 틀림없다.

귀여운데
찍을 수가 없어요

함께 사는 고양이의 귀여운 모습을 사진으로 담아낼 수 없다며 고민하는 분들이 아주 많다. 사실 이런 사람은 "우리 고양이의 귀여운 점은 이거야"라고 단정해 버린 경우가 많다. 아니, 믿어 의심치 않는다고 해야 할까.

고양이와 어울리다 보면 때로 고집이 세구나 싶을 때가 있다. 왜 이렇게까지 고집이 세고 완고할까, 하고 말이다. 이렇게 느낄 때만큼은 사진을 찍는 나도 고양이에 대해 고집을 부리게 된다. 그러니 고양이와 어울리려면 사고를 늘 유연하게 유지해야 한다. 안 그러면 고양이와 잘 지내기가 힘들다.

개였다면 내가 고집을 부려도 관계는 성립할 것이다. 주인님의 일거수일투족을 놓치지 않고 마음에 들려고 노력하는 게 개의 습성이니까. 하지만 고양이는 다르다.

"기다려!" 한다고 기다리는 고양이는 거의 없다. 오히려 그런 말을 들으면 괜히 이리저리 움직이는 게 고양이다. 나는 그런 면이 좋다. '좀처럼 가만히 있질 않으니 사진이 찍힐 리 있나'라고 자신의 사고방식을 차단해 버리기에 못 찍는 것이 아닐까? 생각을 전환해야 한다.

"고양이가 너무 가까이 다가와서 통 사진을 찍을 수가 없어요."

이 얼마나 배부른 고민인가. 아마도 고양이가 렌즈의 최단 초점거리보다도 더 가까이 오는 것이리라.

이런 고민을 털어놓는 사람도 많다. 하지만 사실 '야옹 님'이 가까이 와 주는 것만으로도 고마운 일이다. 그렇게 생각해야 한다고 말한다면, 내가 너무 심한 걸까?

집 안에서 노리는
셔터 찬스

늘 함께 지내는 고양이가 오히려 찍기 어렵다고 생각하는 사람이 있다. 아마도 고양이와의 거리감이 없어지기 때문이리라.

《아사히 카메라》 2001년 1월호에 〈이와고 미츠아키의 현장을 보러간다〉는 특집 기사를 실은 적이 있다. 사진가인 아카기 고이치 씨가 찍어 주었는데, 내가 고양이를 찍는 모습이며 고양이와 장난치는 모습을 찍은 사진이 실렸다. 그것은 어떤 의미에서 고양이들과 거리감 없는 관계에서 촬영하는 풍경이었다.

촬영지는 니가타현 사도였다. 나는 서비스 정신을 발휘하여 내가 찍는 쪽보다도 찍히는 쪽이라는 마음으로 취재에 임했던 것 같다. '그냥 고양이랑 놀면 돼. 그러면 자연스러울 거야.' 그리 생각했다.

또한 내가 고양이를 목마 태우는 사진도 실렸는데, 저널리스트인 에가와 쇼코 씨는 그 사진을 보고 '어떻게 이런 일이 가능할까?' 하고 내심 놀랐다고 한다. 아마도 그것은 내가 고양이를 자연스럽게 대한 덕에 거리감이 좁혀졌기 때문이리라. 하물며 길고양이와도 이런데, 반려인과 반려동물이라는 깊은 관계라면 더욱 좋은 사진을 찍을 수 있지 않을까?

물론 일반적인 촬영에서는 그런 일은 잘 일어나지 않는다. 오히려 "야옹 님, 부탁이니 카메라 앞으로 와 주세요" 하고 사정이라도 해야 할 판이다. 어느 쪽이든 카메라와 고양이의 적절한 거리감을 잘 파악한다면 촬영의 폭은 넓어지리라.

일상의 한순간을 찍을 때는 셔터 찬스가 많다고들 한다. 그 절호의 기회를 놓치지 않으려면 항상 손이 닿는 곳에 카메라를 두는 것이 가장 좋다. 그것은 일상생활에서 고양이에게 카메라의 존재를 익숙하게 만든다는 의미에서도 좋다. 또한 곧장 카메라를 손에 들면 그만큼 셔터 찬스를 놓치는 일도 없어질 것이기 때문이다.

욕심은 금물

시간이 아무리 지나도 셔터 찬스를 못 잡는 사람도 있다. 잔인한 말 같지만 그 이유를 한마디로 말하자면 '보고 있지 않기 때문'이다. 고양이 사진을 찍는 사람이라면 고양이가 무슨 생각을 하는지까지 꿰뚫어보아야 한다. '아, 이 고양이는 이렇게 움직일 때는 이런 모습이구나'라고 직접 눈으로 보면서 깨닫는 것이 가장 좋다. 피사체이자 주인공은 고양이이므로 고양이의 입장이 되어 생각해야 한다. 이는 어렵지만 노력할 만한 가치가 있는 중요한 요건이다.

디지털카메라를 가지고 있다면 일단 셔터를 눌러보는 것도 좋으리라. 쓸데없는 컷은 바로바로 지울 수 있으니까. 이것도 셔터 찬스를 잡는 연습 방법이 될 수는 있다. 하지만 가장 중요한 것은 자신이 무엇을 찍고 싶은지, 사람들에게 무엇을 보여 주고 싶은지 '목적'을 명확히 갖는 것이다. 피사체의 움직임은 고양이에게 맡길 수밖에 없다. 하지만 찍는 사람은 자신이 찍고 싶은 것을 명확히 파악한 후 기다리는 것이 중요하다.

욕심내지 않는 것도 중요하다. 그리고 완벽을 추구해서는 안 된다. 처음부터 완벽한 사진을 찍을 수는 없다. 고양이의 몸만큼 완벽한 것은 없다. 그것을 작품으로 찍는 것이니까.

방 안에서 사진을 찍을 때는 가능한 한 배경을 단순하게.

집 안에서 사진을 찍을 때는 구도 욕심을 버리자. 되도록 배경을 단순하게 한다. 그렇지 않으면 잡다한 물건이 찍혀서 정작 주인공인 고양이가 묻히게 된다. 사진은 '뺄셈의 미학'이라고들 한다. 단순한 배경으로 손쉽게 선택할 수 있는 것은 커튼이나 벽이다. 그리고 고양이의 눈높이에서 카메라를 들이 보자. 이때 초점은 고양이의 눈에 맞추는 것이 좋다. 이것만으로도 훨씬 강렬한 사진이 찍힐 것이다.

소도구를 이용한다

1. 장난감

일단은 고양이와 함께 논다. 주변에 있는 풀이든 끈이든 뭐든 좋다. 다 먹고 난 초콜릿 포장지라도 좋다. 그것을 살짝 던져 본다. 고양이가 반응을 보이지 않으면 다른 방법을 생각한다. 그 고양이에게 맞는, 고양이가 가장 좋아하는 놀이로 놀아 주다 보면 "한 장 정도는 찍게 해 주겠다냥"이라고 하듯, 못내 허락해 주기도 한다. 고양이는 즐겁게 해 주면 보은을 잊지 않으니 참 신기한 존재다.

2. 보상

먹을 것으로 낚는 방법은 가능한 한 처음에는 지양한다. 고양이에 따라 다르겠지만 한 번 먹을 것을 주면 먹을 것만 생각하는 고양이도 있기 때문이다. 그런 아이들은 먹을 것을 달라고 보채기 일쑤다. 배가 고파 보일수록 먹을 것을 주면 안 된다. 배고픈 고양이는 아무 말 안 해도 말을 잘 들으니까. 좀 너무하지만 사료나 간식 냄새를 맡게 하는 것도 한 방법이다. 주머니에 미리 사료를 넣어 두고 몸에서 좋은 냄새를 풍기는 것도 우선 고양이의 주의를 끄는 데 효과적이다. 촬영을 도와준 고양이에게 음식으로 보상하는 것도 잊지 않는다.

고양이가 좋아하는 놀이 도구를 고양이와 상의해서 정한다. 이것도 고양이가 촬영에 협력해 주는 요소 중 하나.

먹이 사정

최근에는 고양이도 사치스러워졌다. 지역에서 돌봐 주는 고양이는 건사료에는 눈길도 안 주는 경우가 많다. "난 습식 캔이 아니면 안 먹는다냥" 하는 얼굴로 쳐다보는 고양이도 있었다.

음식 맛은 집사의 기호에 좌우되는 듯하다. 《아사히 카메라》 2004년 1월호 부록 달력에 게재한, 일본에서 가장 뚱뚱한 고양이. 이 고양이의 집사는 야식으로 라멘을 먹는다. 그러면 고양이도 같이 라멘을 먹는다. 고양이의 식사량은 하루 7~8회에 이르며 인간의 음식을 먹으니 당연히 입에 착 붙는 진한 맛을 좋아한다. 고양이 사료로는 만족하지 않는다. 당연히 점점 살이 찐다. 실은 이 안아들 수조차 없는 고양이가 내 취향이기는 하다.

인도에서는 카레를 묻힌 차파티를 아주 좋아하는 고양이를 본 적이 있다. 찹찹찹 맛있게도 먹었다. 이탈리아의 고양이는…파스타를 먹는다. 이건 실화다. 이렇듯 고양이는 자신이 몸담은 환경 속에서 살아간다.

허리둘레 80센티미터, 몸무게 15킬로그램의 후타 군은 쉬엄쉬엄 산책한다.

먹는 것이 몸을 만든다.

고양이의 냄새

촬영할 때 카메라에 엉덩이를 들이대는 고양이가 있었다. 기분이 좋은 가보다 싶었다. 그 순간, 카메라와 얼굴에 별안간 오줌 세례가! 눈이 따끔거렸다. 어이가 없어서 웃음이 터졌다.

이 피해를 가장 입기 쉬운 물건은 카메라 가방과 소지품이다. 특히 카메라 가방은 촬영에 정신이 팔려 있으면 길가에 놔 둔 채 미처 신경 쓰지 못할 때가 많기에, 어느새 수컷 고양이가 다가와서 정신 차리고 보니 오줌 세례를 당했던 경험이 여러 번 있다. 고양이가 영역의 일부로 간주하는 바람에 촬영 장비를 망가뜨릴 수도 있다. 그러니 멀리 있는 고양이도 살필 필요가 있다.

하지만 오줌 세례를 당했다고 고양이를 혼내서는 안 된다. 고양이에게는 악의도 책임도 없으니까. 몸에서 고양이 냄새가 난다면 고양이는 당신에게 흥미를 보이게 될 것이다. 오줌 세례를 당했다면 오히려 기뻐해야 할 일이다.

개가 고양이를 부모 대신 돌봤던 탓도 있어서인지 둘은 찰떡궁합이다. 보이는 모습 그대로 찍는다.

털이 긴 서양 고양이도 최근에는 자주 눈에 띈다. 털 색과 붉은 사과와의 조화를 노린다.

3장

세계의 고양이

모든 길은 로마로 통한다는 말이 있다. 인간이 만든 길은 고양이들도 다닌다.

"그렇게 고양이가 희귀한가요? 일본에는 고양이가 없어요?"
이탈리아에서 촬영을 하는데 영어로 이런 질문을 받은 적이 있다.
"아뇨. 이탈리아 이 마을의 고양이가 귀여워서 찍는 거예요."
내가 대답했다.
"역시 그렇죠?"
이탈리아인 남성은 만족스러운 듯 웃었다.
고양이를 좋아하는 사람은 세계 공통이다. 사진집을 내기 위해서 지중해를 중심으로 수많은 고양이를 만났지만 일본에서 보는 만큼 외국에서는 고양이의 사진을 찍는 사람이 그리 많지 않은 모양이다. 외국 사람들은 고양이를 잘 다루는 것 같다. 고양이가 주변에 있는 환경이 너무도 당연한 것일까? 3장에서는 내가 외국에서 만난 고양이들의 에피소드를 주로 소개하겠다.

인간의 길은
고양이의 길

고양이는 기본적으로 인간이 사는 곳이 아니면 살 수 없다. 즉 인간이 있는 장소에는 대체로 고양이가 있다.

이탈리아 베네치아에서 흥미로웠던 점은 고등어 무늬 고양이가 많았다는 점이다. 그것이 신기했던 내가 현지 동물애호협회 분에게 물어보자 이런 대답이 돌아왔다.

이야기는 중세 시대로 거슬러 올라간다.

쥐를 매개로 한 페스트가 유럽 전 지역으로 퍼졌다. 이탈리아도 예외가 아니었기에 베네치아도 당연히 페스트가 덮쳤다.

사람들은 고통스러워하다가 줄줄이 죽어나갔다. 이 문제를 해결할 방법은 고양이밖에 없다고 생각한 마을 지식인은 쥐 잡이 명장을 찾기 시작했다. 서쪽 나라의 고양이가 좋다고 하면 서쪽으로 가고, 동쪽 나라의 고양이가 좋다는 소문을 들으면 동쪽으로 갔다.

그러다 쥐 잡이 명장을 발견한 곳은 시리아였다. 시리아에서 일부러 쥐 잡이 명장인 고양이들을 데려와 마을에 풀어놓았다. 그것이 베네치아에 고등어 무늬, 즉 시리아 고양이가 많이 존재하는 이유다.

진위는 알 수 없지만 재미있는 이야기다.

"이 아이가 '시리아 고양이'의 후손이랍니다." 베네치아 동물애호협회 관계자가 가르쳐 준다.

이런 곳에도
고양이가?

캐나다 북극에도 고양이는 있었다. 새하얀 설원을 느릿느릿 아주 천천히 걷고 있다. 눈을 의심했다. 이런 곳에 고양이가 있구나 싶었다. 잠시 바깥을 걷는 것만으로도 동상에 걸릴 듯 혹독하게 추운 곳이었다. 도저히 바깥에서 고양이가 살 수 없는 환경이다. 길모퉁이에 있는 한 집에서 사는 고양이가 아마도 볼일이라도 보려고 잠시 나온 것이리라.

포클랜드 제도나 아이슬란드에서는 몸이 둥그스름하고 털이 복슬복슬한 고양이가 많았다. 추위가 혹독한 곳은 식량 사정이 좋지 않다. 쥐도 없고 하늘을 나는 작은 새도 드물다. 그런데 이런 곳에서 어찌 저리 '뚱냥이'가 됐을까? 신기했다. 하지만 어딘가에서 본 적이 있구나 싶어 곰곰이 생각해 보니 영국의 고양이와 똑 닮았다. 둥그스름하게 푸짐한 몸매라든가, 얼굴 생김새. 그런 뚱보 고양이가 창문으로 바깥을 보고 있는 집의 현관에는 'God Save the Queen'(영국의 국가 제목-옮긴이)이라고 적혀 있었다. 틀림없다. 아, 그렇구나. 남미 아르헨티나 앞바다에 있는 포클랜드 제도는 영국령이다.

극지방에 사는 고양이의 절대 수는 많지 않다. 어딘가에서 데려와서 집 안에서 키운다. 바깥이 아무리 추워도 인간은 스위치 하나로 온도 조절을 하므로 아무런 불편도 느끼지 않을 테다. 하지만 역시 바깥이 그리운지 호기심 덩어리 고양이는 꼭 창가에서 바깥을 바라보고 있다. 그럴 때 고양이라는 존재는 몹시도 귀여워 보인다.

"인간의 길은 고양이의 길로 통한다"고 말해도 과언이 아니리라. 아마도 지중해의 고양이도 로마 시대부터 오스만튀르크 시대에 인간을 따라왔을 터이다. 배가 닿는 곳에는 반드시 고양이가 있다. 그것은 쥐가 출몰하는 배 안의 식량을 지키기 위해 함께 항해하는 파트너였기 때문이다. 고양이의 역사가 만약 이집트에서 시작됐다면 역시 인간의 이동을 따라 고양이도 바다를 건넌 것은 아닐까?
내가 지중해 고양이에게 흥미를 지니게 된 계기는 그런 이유에서였다. 아프리카의 사자를 취재하러 가는 도중 비행기 창 너머로 지중해 섬들을 바라보면서 '저 섬에서 고양이들은 어떻게 살고 있을까?' 싶었다. 그리고 얼마 후 그리스에서 나의 지중해 고양이 촬영은 시작되었다.

포클랜드 제도에서 본 창가의 새끼 고양이도 영국풍으로 보였다.

포클랜드 제도에서 만난 고양이. 영국에서 본 고양이와 닮았다.

갈라파고스 제도에서 본 고양이는 이구아나와 함께 있었다.

그리스

그리스에 처음 고양이를 찍으러 간 것은 1990년이었다. 그리스의 미코노스섬이나 산토리니섬 등, 에게해의 섬에는 고양이가 있다는 정보를 듣고서 안절부절못하다가 비행기에 몸을 실었다.

미코노스섬

섬은 그야말로 고양이 천국. 미코노스섬에서는 엄청난 미모의 고양이가 나를 기다리고 있었다.

어느 집 문 가까이에 있던 그 고양이는 탄식이 새어나올 정도로 아름다웠다. '와, 정말 아름다운 고양이야' 하고 생각하면서 셔터를 누르면서 고양이에게 점점 가까이 다가갔다. 그러자 갑자기 현관문이 열리더니 중년 여성이 나왔다. 문득 올려다보니 주인 역시 아름다운 여성이었다. "개는 주인을 닮는다"고들 한다. 개가 닮는 건지 주인이 닮는 건지 이야깃거리가 되기도 한다. 하지만 유독 고양이와 관련해서는 그런 말이 잘 들리지 않는다. 하지만 미코노스섬의 고양이와 주인은 양쪽 모두 똑같이 아름다웠기에 똑똑히 기억하고 있다.

현관 앞에 있던 아름다운 고양이. 줌인하여 찍는 동안 가만히 기다려 준다.

산토리니섬의 오후. 존재감 있는 고양이다.

산토리니섬

이 섬은 에게해에 떠오른 작은 초승달 모양의 섬이다. 깎아지른 듯한 절벽의 경사면에 집들이 다닥다닥 붙어 있다. 길도 너무 좁아서 게처럼 옆으로 지나가야 하는 길도 있다. 그런 곳이기에 당연히 고양이가 내 다리를 비비며 지나가겠구나 싶었는데 완전히 착각이었다. 고양이가 다니는 길은 공중에도 있었다. 지붕에서 지붕으로. 인간이 지나가는 공간 위를 훌쩍, 가볍게 뛰어 넘어간다. 그래서 내가 마치 고양이가 하늘을 나는 듯한 사진을 찍을 수 있었던 게다.

고양이의 길은 3차원이구나, 하고 새삼 느낀 것이 이때다. 새라고요? 제트기라고요? 아니, 아니. 틀림없는 고양이였답니다.

이탈리아

이탈리아의 한 변두리를 걷고 있을 때, 유독 걸어 다니는 고양이의 존재가 눈에 띄었다. 가령 섬에서는 언덕이 많고 길이 좁아서 차가 그다지 다니지 않기에 움직이는 존재가 적다. 사진의 쨍한 느낌도 좋다. 그런 곳에서는 고양이의 모습이 크게 보이는 법이다. 그런 마을에서도 여럿이 모여 있는 고양이를 유심히 보면 대부분 수컷이었다.

이탈리아 남성은 자신이 어떻게 타인의 눈에 비치는지 잘 알고 있다. 길 한 켠에서 담배를 피우는 모습, 카페에서 커피를 마시는 모습, 어느 것이든 자신이 가장 멋지게 보이는 모습을 능숙하게 과시한다. 그리고 눈에 띄는 것을 좋아한다. 이런 이탈리아 남자의 특징이야말로 실은 이탈리아 고양이의 특징이기도 하다.

베네치아에서 잘생긴 수컷 고양이를 만났다. 곧바로 말을 걸면서 촬영을 시작한 적이 있다. 카메라를 낮게 들고 엎드려서 그 고양이를 찍고 있자니 그 녀석도 점점 응해 주는 것이 아닌가. 약간 멈춰서 짐짓 뽐내는 자태를 과시한다. 멋지다. 그렇게 촬영이 무르익고 있는데 가까운 곳의 다리를 경찰관이 지나갔다. 그때였다. 경찰관이 고개를 돌려서 흘끔 쳐다보던 순간, 그 수컷 고양이는 "흥" 하며 외면했다.

흥, 하고 콧방귀를 끼며 지나가는 경찰관을 외면하는 수컷 고양이. 녀석, 제법 인 걸.

그 모습은 이탈리아 남자와 똑같았다. 경찰관이 마음에 안 들었던 걸까? 나는 그런 고양이의 못된 표정도 좋다.
암컷도 이탈리아 여성과 어딘지 모르게 닮았다. 약간 새침하면서도 역린을 거스르면 화낼 것 같은…. 이탈리아는 특히 인간과 고양이의 공통점이 많은 나라다.

그는 내가 들고 있는 망원렌즈를 의식하고 있었다. 이탈리아 남성 특유의 퍼포 먼스는 어처구니가 없지만, 사실 그 전에 감탄부터 하게 된다.

스페인

고양이에게도 나라 색이란 게 있을까? 스페인은 멍한 느낌도 있지만 어딘지 모르게 그늘진 느낌도 있다. 물론 나의 편견에 지나지 않지만. 촬영하던 새끼 고양이를 안아 올리더니 아주머니가 갑자기 스페인어로 "그렇게 고양이가 좋으면 데려가요"라며 건넸다. 무슨 뜻인지 자세히는 알 수 없었지만 틀림없이 "여기는 너무 많아서 곤란하니까 데려가요. 어서"라고 다그쳤을 테다. 앞에서도 소개한, 개를 할퀸 암컷 고양이도 스페인에서 만났다.

"그렇게 고양이가 좋으면 데려가요"라며 내민 새끼 고양이.

이집트

카이로

이집트를 고양이의 고향이라고 말하는 사람도 있다. 벽화에도 그려져 있듯이 이집트에서는 고양이가 신이다. 인간과 고양이는 기원전부터 함께 살아온 모양이다.

카이로의 시장에서 마늘을 산더미처럼 쌓아놓고 파는 청년이 있는데 어딘가에서 고양이 울음소리가 들렸다. 어디에 있는지 다함께 찾았는데 산처럼 쌓인 마늘 더미에서 꾀죄죄한 고양이가 얼굴을 내밀며 "냐옹." 때가 타서 마늘 껍질과 동화한 듯한 그 모습이 재미있어서 찍고 있었더니 그 청년에게 비웃음을 샀다. "왜 이렇게 더러운 고양이를 찍는지 모르겠네"라면서. 이 나라에서도 길거리에 있는 고양이를 굳이 찍는 행위는 특이한 일로 비쳐지는 모양이다.

겨우 눈을 뜬 새끼 고양이. 이집트, 나일강의 비옥한 토지의 풍요로움을 본다.

카이로의 마늘 장수. 크게 우는 소리가 나서 겨우 존재를 확인할 수 있었던 새끼 고양이.

엘레판티네섬

나일강 아스완에 엘레판티네라는 섬이 있다. 작은 섬이다. 물론 그곳에도 고양이는 있다. 물담배를 피우며 한가로운 한때를 보내는 아저씨 옆에 고양이가 앉아 있다. 형언할 수 없는 평화로운 시간이 흐른다.

고양이는 시간 여유가 있는 사람 옆에 머물기를 좋아한다. 한가한 남성 곁에는 100퍼센트라 해도 좋을 정도로 고양이가 있다. 일본에서는 고양이를 돌보는 것을 아주 좋아하는 아주머니가 많다. 하지만 해외에 가면 고양이 아줌마뿐 아니라 고양이 아저씨도 만난다. 이 고양이 아저씨의 경우 먹이는 주지만 그다지 돌보는 것 같지는 않다. 그것도 세계 공통이다.

작은 '고양이 집사'를 만난 것도 이 섬이다. 섬의 소수민족 소년으로, 의젓하고 말과 행동이 부드러우며 귀여운 아이였다. 작은 배에 고양이를 태우고 놀고 있었는데 정말로 고양이를 다루는 솜씨가 좋았다. 어찌 됐든 고양이를 아주 좋아했다. 아무리 할퀴어도 괘념치 않았다. 살펴보니 손은 할퀸 상처로 가득했다. 하지만 내 걱정은 아랑곳하지 않고 아이는 아무렇지 않게 고양이와 장난치며 놀고 있다. 정말 재미있다는 마음이 전해지는지 고양이도 진심으로 그 놀이에 응하고 있었다. 곁에서 보자면 약간은 '고양이 하인' 같다. 고양이를 다루는 법을 모르면 고양이가 할퀴는 순간 고양이를 미워하는 사람이 많지만, 그걸 무서워한다면 '고양이 집사'가 되기는 힘들다.

아스완에서 만난 소년과 고양이. 절친한 사이라 표정마저 닮았는지도 모른다.

중국

처음 중국을 방문한 건 1970년대였다. 그 무렵엔 고양이를 본 기억이 없다. 하지만 최근엔 자주 본다. 역시 풍족해진 것과 관련 있으리라. 사람이 경제적으로 여유로워지면 반려동물 수가 는다고 한다.

고양이의 귀여운 목소리가 들리면 자꾸만 그 목소리에 이끌려 가곤 한다. 신레이산맥에서 따오기를 취재할 때도 그랬다.

농가 어딘가에서 "야옹, 야옹" 귀여운 목소리가 들린다. 어디에 있나 싶어서 열심히 찾아봤더니 쉴 때 쓰는 의자 바로 옆에서 울고 있었다. 의자와 그 고양이는 색도 거의 같고 모양도 똑 닮았다. 완전히 환경에 적응한 모양새였다. 개도 고양이도 대바구니와 같은 색이라 언뜻 보기만 해서는 고양이인지 개인지 분간이 안 될 정도다.

카이로에서 마늘과 동화된 고양이도 그렇고, 고양이는 자신의 보호색을 아는지도 모른다. 고양이가 총천연색으로 사물을 볼 수 있는 것은 아니므로 세세한 색을 확인할 수는 없으리라. 그렇다면 과거의 경험에서 '여기에 있으면 잘 발견되지 않아, 아무도 방해하지 않아'라고 고양이 나름대로 학습한 건지도 모른다.

고양이는 '제 한 몸 편히 뉠 장소 찾기'의 귀재다. 이 여행에서도 또한, 고양이에게 이끌려 기꺼이 샛길로 새고 말았다.

이누이트

인간이 고양이를 옮긴다. 옮겨진 곳에서 고양이는 번식하고, 늘고, 인간과 함께 살아간다. 그래도 지구상에는 예외도 있는 모양이다. 가령 이누이트족 사람들. 그들은 고양이가 싫다고 한다. 이유는 그저 단순히 고양이를 만날 기회가 없었기 때문이다. 그들이 사는 지역은 원래 고양이의 서식에 적절하지 않은 토지다. 곡물을 먹지 않는 이누이트에게 있어 곡물 창고는 필요 없다. 따라서 집쥐도 없고, 물론 서식할 수 있는 환경이 아니니 고양이가 나설 필요도 없다. 하지만 이제 몇 년 지나면 '지구 온난화'로 고양이도 북상할지 모른다.

도구가 놓여 있는 곳은 고양이에게 숨기 좋은 장소가 되기도 한다.

고양이어는
세계 공용어?

배를 드러내며 자는 것은 어느 나라 고양이든 마찬가지였다.
"자, 드러누워 보렴."
말투로 알아차린 것일까. 영국 고양이에게 말을 걸자 벌러덩 누워서 배를 보여주었다.
"어느 영국인처럼 완고하진 않네."
내가 말했다.
"야아옹."
고양이가 답했다.

다만, 영국 고양이는 약간 성가신 점도 있다. 아침 일찍 만난 고양이에게 영어로 말을 걸었는데 바보 취급당한 적이 있기 때문이다. 나도 모르게 미국식 영어로 "굿 모닝"하고 말을 건 것이다. 영국 영어와 미국 영어는 억양이 다르다. 고양이는 모른 척 딴청을 부렸다. 그런 점은 영국인과 비슷한가?

미니 칼럼 5 · 고양이가 나오는 영화

고양이 때문에 샛길로 빠지는 것은 현실에서만 일어나는 일은 아니다. 영화에 고양이가 등장하는 것만으로도 나는 더 이상 스토리를 쫓아가지 못한다. 이렇게까지 '고양이 병'이 심각하면 꽤 안쓰러운 법. 스토리보다 고양이가 어떻게 행동했는지에 자꾸만 눈이 간다. 오슨 웰스가 출연하는 《제3의 사나이》의 마지막 묘지 장면은 너무도 유명하다. 그런데 그 장면에 고양이가 나온다는 사실을 얼마나 많은 이들이 기억하고 있을까?

'냥덕'인지 아닌지는 배우를 봐도 알 수 있다. 알 파치노나 로버트 드 니로는 폭력배 역할을 해든, 고독한 군인 역할을 하든 고양이와 함께다. 그것만 봐도 그들이 얼마나 고양이를 좋아하는지 알 수 있다. 이탈리아계라서인가?

4장

야생 고양이

야생의 고양이, 즉 사자나 호랑이, 치타, 표범 등의 고양잇과 야생동물을 보면 역시나 고양이와 닮은 점이 많다는 사실을 깨닫는다. 같은 고양이니까 당연하다면 당연한 일이리라. 그래서 우리는 야생성을 숨기고 있는 고양이에게 끌리는지도 모른다.

사자

사자는 내가 취재하면서 가장 오래 함께했고 가장 긴 시간 관찰한 고양잇과 동물이다. 사자를 지켜본 지도 30년이 넘었다. 하지만 나는 사자가 왜 '백수의 왕'이라고 불리는지 모르겠다.

사자는 결단코 사바나의 왕이 아니다. 그냥 사바나에 사는 수많은 동물 중 하나다. 치타보다 달리기가 빠른 것도 아니며, 하이에나보다 사냥을 잘하는 것도 아니다. 그저 생태계 속에서 서로 이어져 있는 사슬 중 하나일 뿐이다.

하이에나는 과감한 사냥꾼이다. 하이에나는 주로 해 뜨기 전에 사냥한다. 이내 태양이 떠오르고 초원이 밝아진 후에는 하이에나가 애써 숨통을 끊어 놓은 먹잇감을 사자에게 빼앗기는 모습을 곧잘 본다. 그런 광경을 본 관광객은 '하이에나는 사자가 먹다 남은 먹이를 노리는 동물'이라고 인식한 것이리라. 그런 오해가 전 세계로 퍼지고 말았다.

분명 하이에나는 죽은 고기를 먹는다. 하지만 실은 뭐든 먹는다. 그런 하이에나의 사냥감을 노리기 때문에 사자를 백수의 왕이라고 부르는지도 모르지만.

사자의 사냥 성공률은 열 번 중 두 번 정도다. 거의 실패한다고 봐도 좋다. 그런데 치타는 꽤 확률이 높다. 야구로 치자면 4할 타자쯤 된다.

사자가 얼마나 사냥에 서툰지 알 수 있는 대목이다. 이것도 어디까지나 인간의 시각에서 바라본 평가에 지나지 않겠지만.

사자의 특징 중 재미있는 점이 있다. 고양잇과 동물 중 유일하게 무리를 지어 생활한다는 점이다. 다른 고양잇과 동물은 거의 혼자 지내거나 혈연으로 이어진 어미와 새끼들만 생활하는 데 비해, 사자는 암컷이 두 마리 이상 모여 무리지어 살아간다. 마치 인간 사회를 엿보는 듯한 측면도 있다. 예전에 낸 사진집에 《사자 가족》이라는 제목을 붙였다. 그 정도로, 봐도 봐도 질리지 않는 커다란 고양이가 바로 사자다.

거대한 바위는 새끼 사자가 안전하게 자랄 환경이 되어 준다.

평원의 사자 무리와 얼룩말. 사자들은 배가 부르지만 사냥을 할 지 안 할 지는 기회에 달려 있다.

아름다운 얼굴의 암컷 사자. 초망원렌즈를 사용해 촬영했다.

사자도 고양이와 마찬가지로 풀을 먹는다.

몸을 깔끔하게 유지하는 것은 사냥하는 동물에게는 중요한 일이다.

암컷끼리의 연대는 깊다. 스킨십이 소중한 모양이다.

커다란 고양이인 수컷 사자도 뒷모습에 표정이 나타나는 듯하다.

'백수의 왕'이란 말뿐 아니라 사자에 대한 오해(?)는 많다

1. 암컷이 사냥을 해 오면 수컷이 먹는다?

수컷 사자도 가능성이 있으면 사냥을 한다. 수컷은 전혀 사냥하지 않는다는 말은 세상에 잘못 퍼진 오해. 얼룩말을 뒤에서 덮치는 과감한 수컷의 모습을 본 적도 있다. 확률로 말하자면 사냥률이 낮은 건 사실이다. 그리고 대부분 암컷 사자가 적극적으로 사냥한다. 왜냐고? 암컷의 수가 더 많기 때문이다.

2. 사자는 팀을 꾸려 사냥한다?

사자는 가족이 팀을 이루어 사냥을 한다고 알려져 있다. 그런데 이건 미묘한 문제. 물론 인간에게는 그렇게 보일지도 모르지만 과연 사자가 정말로 그렇게 치밀한 협력 체제를 유지하느냐고 묻는다면 그렇다고 확답하기는 또 힘들다. '당신은 저기로 가. 나는 여기를 돌게.' 이렇듯 될 대로 되란 식으로 보이는 일도 많다. 본능이라고 단언해 버리기에도 애매한 부분이 있다. 하지만 결과적으로는 한 마리 한 마리가 저마다 먹이를 먹고 싶어서 하는 행동이리라.

TV 등에서는 방송 구성상 인간이 이야기를 만들어 영상을 끼워 맞추는 편이 설득력을 지니므로 자칫 그렇게 표현하기 쉽다. 그것이 오랫동

안 이어진 오해의 뿌리다. 실은 얽히고설킨 복잡한 요소가 사냥에도 반영되어 있으리라. 그렇게 생각하면 사자의 기분도 알 것 같다. 이미 굳어진 인간의 사고방식을 바꾸려면 아직 시간이 걸릴 듯하다.

수컷 사자는 사냥을 안 한다지만, 사자에 대해 인간이 아는 것은 지극히 일부다.

모르니까
재미있는 법

사자가 얼룩말을 사냥하려고 노리는 장면을 관찰하던 때의 일이다. 멀리 있던 얼룩말은 사자가 있다는 사실을 눈치 채지 못하고 다가왔다. 사자가 숨어 있는 바로 옆을 얼룩말이 지나가던 순간, 나는 틀림없이 사자가 달려들 거라고 생각했다. 서둘러 파인더를 들여다봤다. 그런데! 얼룩말은 아무 일 없었다는 듯 유유히 그곳을 지나 물을 마시러 가 버렸다. 대체 방금 무슨 일이 일어난 건지 이해할 수 없었다. 그래서 사자가 숨어 있는 곳 가까이 가 보니 사냥감을 노리던 모습 그대로 '쿨쿨' 자고 있는 게 아닌가.

그러고 보니 이런 일도 있었다. 얼룩말과 300미터나 떨어져 있는데도 불구하고 사자가 갑자기 뛰쳐나가 달리는 것이었다. 그렇게 하는데 사냥에 성공할 리가 있나. 집에서 키우는 고양이도 갑자기 뛰어오르거나 후다닥 달릴 때가 있어서 내가 다 놀라곤 하는데, 그때 그 사자가 그런 상태였을까? 도저히 안 될 것 같은 일을 이따금 저지르고 마는 것이 사자와 고양이의 특징인지도 모르겠다. 때로 이해하기 힘든 행동도 보인다. 하지만 잘 모르기에 재미도 있는 법이다.

생후 한 달 정도의 새끼 치타는 등에 은색 갈기가, 배에는 검은 털이 났다.

어미 치타의
살뜰한 새끼 돌보기

고양잇과 동물은 전신을 내보일 때보다 몸의 일부만 드러내는 편이 아름답게 보일 때가 있다. 특히 지평선을 바라볼 때, 풀이 높게 자란 평원에서 거니는 치타의 등이 떠올랐다 사라지곤 하는 풍경은 가슴이 두근거릴 정도로 아름답다. 이때 치타는 사냥감을 노리며 가까이 다가가는 중이다. 등에서는 긴장감이 살짝살짝 엿보인다.

사냥에 실패한 치타만큼 딱한 동물도 없다. 자신이 한심하다는 듯한 표정을 짓는다. 나도 모르게 "어머, 어떡해요"라고 위로할 정도다.

새끼 치타는 3~4개월 정도 되면 어미 뒤를 총총 따라다닌다. 그래서 사냥에 실패하는 일도 많다. 인간 어미였다면 아이를 나무랄 것이다. 하지만 어미 치타는 절대로 새끼를 혼내지 않는다. 아무 일 없었다는 듯 표정 하나 바꾸는 일 없이 다시 기회가 오기를 기다리거나 새로운 사냥감을 찾아 이동한다. 치타가 새끼를 혼내는 광경을 본 적이 없다. 그런데 사자는 새끼 사자를 혼낸다. 이는 두 동물의 사회 행동이 엄연히 다르기 때문이리라.

은혜로운 비

동아프리카에서 비는 '들이닥친다.' 내리는 것이 아니라 나를 향해 들이닥치는 것이다. 멀리 지평선에서 비구름이 몰려온다. 진한 감색 커튼이 쳐진 듯 찾아온다. 찬바람이 분 후에 먼지 냄새가 훅 끼친다. 투둑, 투둑, 투둑. 빗방울이 굵은 비다!

아카시아나무 아래 잠자던 사자가 순식간에 잠에서 깬다. 양동이를 뒤집은 듯 세찬 비가 쏟아지고 낮인데도 캄캄하다. 우기의 시작을 알리는 비가 가져온 낮의 어둠을 제 편으로 만든 사자는 순식간에 톰슨가젤을 습격했다. 초식동물에게 비는 은혜이기도 하지만, 당황해서 갈팡질팡하게 만드는 위험 요소이기도 하다. 이리저리 헤매다 보면 순식간에 에너지를 소모해 버린다. 그들은 에너지를 보존하기 위해 비가 지나가기를 기다린다.

대지를 두드리는 빗소리 때문에 사자가 가까이 다가오는 소리도 들리지 않는다. 비는 초식동물의 판단력을 흩뜨린다. 이렇듯 갑자기 내리는 스콜은 육식동물에게는 모닝콜이지도 모르겠다.

메마른 대지에 세찬 비가 쏟아진다. 치타 어미와 새끼들은 에너지를 아끼려고 움직이지 않고 가만히 있다.

계속
지켜본다는 것

중간중간 끊기기는 했지만 8년 정도 같은 암컷 사자를 계속 지켜봤다. 같은 사자라는 사실을 어떻게 알았느냐고? 이 사자의 왼쪽 귀가 접혀 있었기 때문이다. 이 특징은 매우 뚜렷해서 알아보기 쉬웠다.
새끼가 있을 때와 없을 때 등 다양한 상황의 그녀를 지켜봤다. 4~12세 정도까지, 야생의 사자로서 나이를 먹는 것이 느껴지는 긴 시간이었다. 개체 식별이 가능해지면 정이 들게 마련이다. 아무래도 신경이 쓰여서 그 지역을 방문할 때마다 그 암사자를 찾는 것이 일과가 되었다.

사바나를 자동차로 달리다 보면 관광객을 태운 차와 만난다. 안내하는 드라이버 겸 가이드가 꽤 재미있다. 관광객에게 동물 해설을 한다. 배가 빵빵한 사자를 보면 이렇게 말한다.
"저 사자는 임신했어요."(조금 전에 입을 새빨갛게 만들며 사냥한 먹이를 먹어서 배가 부른 건데)
새끼들이 있으면 또 이렇게 말한다.
"저건 이제 막 태어난 거예요."(적어도 생후 3~4개월은 지났는데)
"여러분들은 정말 운이 좋으시네요. 어미와 새끼가 함께 있는 모습은 보기 힘들어요."(으음, 타이밍만 맞으면 볼 수 있는데)

8년 정도 지켜본 왼쪽 귀가 접힌 암사자 '플로피 이어(Floppy-ear)'.

그래도 관광객은 아주 좋아한다. 그것도 가이드의 일 중 하나인지도 모르지만 잘 관찰하면 알 수 있는 일도 많다. 8년을 지켜보라고는 못 하겠지만 우선은 자기 눈으로 보고 확인한다. 그것이 기본이다. 야생동물이든 고양이든.

긴장감의
지속

치타는 사냥하는 순간 호흡을 멈춘다. 그렇기에 치타는 빨리 달릴 수 있는 것이다. 시속 120킬로미터는 나올 것이다. "하아하아" 하고 숨을 쉰다면 그 속도는 나오지 않을 것이다.

화면 속에 긴장감을 어느 정도 담을 수 있는지는 피사체에 대한 강한 주시도와 촬영하는 자세를 얼마나 유지하느냐에 달려 있다. 정신을 차려 보니 하루 종일 찍고 있던 날도 많았다. '왠지 숨이 막히는데' 싶어서 보니 파인더를 들여다보면서 나도 모르게 숨을 참고 있었다. 하지만 나는 그런 노력을 절대 아끼지 않는다. 촬영 후에도 흥분은 이어지고 마음은 편안하다. 사진의 완성도도 달라진다.

TV에서 동물이 나오는 방송을 보노라면 피사체에 대한 제작자의 시점이 신경 쓰인다. 영상을 찍을 때는, 자연의 입장에서 반드시 동물을 이해하겠다며 허세 부리지 말고 동물과 함께하는 자세를 가졌으면 좋겠다. 그렇지 않으면 시청자나 독자도 따라와 주지 않으리라.

치타가 발톱을 긁고 있다. 고양잇과 동물은 발톱을 긁을 때 무슨 느낌일까? 이런 생각을 하다 보면 하루가 훌쩍 지나간다.

인간의 눈은
편리하다

인간의 눈은 편리하게 만들어져 있다. 비뚤어지게도 볼 수 있고 줌인, 줌아웃도 자유자재다. 그것이 무의식중에 일어나므로 카메라라는 도구를 이용해도 좀처럼 생각대로 찍기는 어렵다.

고양이를 보면 흥분이 인다. 사자를 보면 그 흥분은 더욱 커진다. 이것은 일반적인 감정이리라.

"그래서 어땠어요?"

"정말 대단했어요."

"어떻게 대단했어요?"

"아무튼 대단했어요."

이처럼 말로는 제대로 표현하지 못하는 사람도 많다. 하지만 자신이 느낀 바가 고스란히 사진에 담기면 그보다 더 좋은 일도 없으리라. 말로 다 표현할 수 없는 것도 사진으로는 할 수 있으리라.

내가 무엇을 보았는지, 무엇을 느꼈는지, 그것이 오롯이 사진이 된다. 고양이가 이러고저러고 있으니 재미있다, 아프리카에서 사자가 자고 있어서, 혹은 달리고 있어서 재미있다는 것만으로는 촬영자가 어떤 감정으로 그 사진을 찍었는지가 보는 이에게 전달되지 않는다. 그 사람이 어떤 기분으로, 얼마나 돈을 모아 아프리카로 향했는지, 야생동물과 얼마나 절실히 만나고 싶은지, 얼마나 감격했는지 등이 사진에서 드러나지 않는다. 촬영자가 느낀 바를 사진으로 표현할 수 있다면 그게 최고다. 그렇다면 여행은 어떤 의미에서 삶의 극한이라 할 수도 있겠다. 자기 자신이 시험당하는 것이다.

삶 그 자체, 그 사람의 생각이 모두 사진에 드러난다고 해도 과언이 아니다. 사진에는 인격이 드러난다고들 하는데 정말로 그렇다. 지니는 의식이 달라지면 그 결과 사진의 완성도도 달라지기 마련이다.

미니 칼럼 6 · 판다

판다는 중국에서는 '다슝마오(大熊猫)'라고 한다. 당연히 고양잇과는 아니다. 자이언트판다과다. 다만 움직임이 고양이와 공통점이 많은 듯하다. 중국 사람들은 자주 보았을 테니 굳이 '고양이 묘(猫)' 자를 붙였으리라.

판다는 신기한 생물이다. 판다를 찍을 때는 다른 동물을 찍으며 갈고닦은 촬영법과 노하우를 넘어선 즐거움이 있다. 그 사실을 최근에야 깨달았다. 다른 동물이라면 화면 구성을 생각해서 머리부터 꼬리까지 전부 화면에 넣어야만 작품으로서 그림이 나오는 일이 많다. 하지만 판다는 아무리 화면 구성을 고려해도 너무 여러 마리가 모여 있어서 파인더 안에 다 안 들어간다 싶을 때는 그냥 셔터를 눌러 버린다.

"더는 안 되겠어, 찍어버려야지. 찰칵찰칵."

그런데도 신기하게 작품이 된다. 내게 있어 판다는 이렇듯 특별한 동물이다.

어디서 찍든 작품이 된다는 말은 곧 아마추어가 찍어도 분명 귀여운 사진이 나오리라는 소리다. 두고 보라. 판다가 부리는 마법에 걸리고 말 테니. 판다 사진을 찍다 보면 사진의 원점이 보이는 듯도 하다.

약 한 살 정도의 자이언트판다. 보기에 따라서는 움직임이 고양이와 닮은 것도 같다.

새끼 판다가 운동장에서 놀고 있다. 화면 구성을 어찌해야 할지 모를 정도로 그들의 움직임은 재미있다.

프로와 아마추어의 차이

경험이 방해가 될 때도 있다. 가령 사자는 움직임이 예측 불가능한 동물이므로 아직 셔터 찬스가 아니라고 생각했는데 갑자기 움직이기도 한다. 이 또한 인간의 입장일 뿐, 동물의 움직임에 '갑자기'는 없으리라. 촬영에 대한 준비가 부족해서 미처 자세를 갖추지 못해 셔터 찬스를 놓친 적도 여러 번이다. 고양이도 마찬가지다. 셔터 찬스는 하루에 몇 번이고 찾아오는 것이 아니다. 일주일간 취재해도 두어 번 올까 말까다. 셔터 찬스에 사진을 찍어 내느냐, 못 찍어 내느냐가 프로와 아마추어를 나누는지도 모른다. 그 셔터 찬스를 놓친다면 프로로서는 실격이다. 셔터 찬스를 잡느라 일주일이라는 시간을 들였으므로.

대체로 일주일에 닷새나 엿새째까지 아무것도 찍지 못해서 이번 취재는 글렀다 싶을 때가 대부분이다. 가끔 운 좋게도 첫날에 셔터 찬스가 찾아오기도 하지만 가장 마지막 순간에 찍는 일도 많다. 가슴을 쓸어내리며 돌아가는 일도 한두 번이 아니다. 하지만 마지막에 고양이에게 구원받는 일도 많으니 끝까지 포기하지 않는다.

좁은 골목 하늘이 고양이가 다니는 길이 되었다. 순수한 경이로움은 순수한 셔터 찬스로 이어진다.

비디오카메라

요새는 비디오카메라를 사용하는 분도 많으리라. 나 또한 스틸카메라 외에 비디오카메라도 돌린다. 비디오카메라로는 야생동물을 찍을 때가 많다. TV 프로그램 제작 등에서 촬영하는 경우다.

기본적으로는 스틸카메라도 비디오카메라로도 빛을 읽는 법이나 셔터찬스 잡는 법은 마찬가지라고 생각한다. 완성된 이미지가 움직이느냐 정지되어 있느냐의 차이다.

다만 스틸사진이라는 것은 그 순간을 멈춰 세우기에 마법을 걸 수 있다. 그래서 세계관을 표현할 수 있다. 하지만 비디오는 모든 것이 찍히므로 화면 구성 등으로 고생하는 일이 많다. 당연히 동물은 내 생각대로 움직여 주지 않는다. 오른쪽에서 왼쪽으로 움직여 달라고 생각하면 100퍼센트라 해도 좋을 정도로 반대쪽으로 가 버리는 법이다. 거듭 말하지만 연출이 불가능한 것이 오히려 매력이기도 하다.

계속 스틸사진을 찍다 보면 비디오에서도 '여기다!'라는 사적인 시점을 정해서 촬영해 버리곤 한다. 편집할 때 편집 기사가 물었다.

"이때 오른쪽에서 보면 어떤 모습이었나요?"

"앗, 안 찍었어요. 그러고 보니 그러네."

반성했다. 한순간을 봉인하는 사진 찍기에 익숙하다보니 다른 시각은 생각도 못 했던 것이다. 놀랐다. TV 관련 일을 하면서 알게 된 것이 있다. 비디오 촬영에서는 리얼리티가 더욱 살아야 하고 더욱 이해하기 쉬워야 한다는 사실이다. 시선을 다양하게 준비해야 한다. TV에서는 시청자의 이해도를 생각하면서 찍는 경향이 강하다. 하지만 스틸사진은 촬영자의 생각이 강하게 드러나는 것 같다.

이 지구상에서 고양이와 사람의 인연은 앞으로도 영원히 이어질 것이다.

맺음말

고양이를 찍다 보면 이 고양이가 행복한지 아닌지까지 포함한 고양이의 이상적인 삶을 생각할 때가 있다. 가장 힘들 때는 버려진 고양이를 만났을 때다. 버려진 고양이를 찍으면 아무래도 쓸쓸함이 배어나온다. 사진을 보고 있으면 표면의 귀여움 속에 숨겨진 묵직한 외로움을 느낀다. 그런 고양이를 촬영하다 보면 뭔가가 뒷머리를 잡아당기는 것만 같다. 솔직히 말해서 촬영을 그만두려 한 적이 여러 번이었다.

고양이는 사람과의 관계가 매우 가까운 동물이다. 그렇기에 항상 사람에게 우호적인 관계를 맺자고 요구한다. 사람과 좋은 관계를 맺고 있는 고양이의 표정은 온화하기 마련이다. 버려진 고양이가 '지역 고양이'가 되어 자원봉사자들의 협력으로 밥을 얻어먹으며 살아가는 경우도 많다. 하지만 한 번 버려진 고양이는 쓸쓸한 표정을 지우지 못한다는 사실을 아는가? 한 번 상처받은 고양이는 결코 그것을 잊지 않는다. 아마 여러분도 분명 어느 정도는 그것을 느끼리라.

혼자서 살아가는 것. 그건 그것대로 씩씩하게 살아가는 방식이리라. 하지만 고양이는 인간처럼 발버둥치는 법이 없다. 어디까지나 고양이로서 씩씩하게 살아간다는 말이다. 그래서 나는 고양이들과 헤어질 때 이런 인사를 건네지 않을 수 없다. "건강히 잘 지내." "또 보자."

《고양이를 찍다》에 부쳐

"아이, 착하지."

고양이를 만날 때마다 이렇게 말을 걸곤 합니다. 저는 NHK BS 프리미엄 《이와고 미츠아키의 세계 고양이 산책(岩合光昭の世界ネコ歩き)》에서도 다정하게 말을 걸면 고양이의 표정이 변한다고 말합니다. 모든 것은 인사에서 시작됩니다. 이건 사람과 마찬가지네요.

동물 사진가가 되고 어느덧 반세기 가까이 지났습니다. 스틸사진뿐 아니라 자연 다큐멘터리 방송 제작을 위해 비디오카메라를 들 때도 있습니다. 아프리카의 사자나 기린, 중국의 자이언트판다, 하와이의 혹등고래 등 나름의 반향도 있었습니다. 그것이 6년째, 집고양이(《세계 고양이 산책》 프로그램)가 전파를 타기 시작하자 야생동물을 소개할 때와는 비교도 안 될 정도로 높은 시청률을 기록했습니다. 제작 스태프 모두가 놀라서 입을 못 다물 정도였죠.

나와 가까이에 있는 고양이야말로 친근하기에 그만큼 사랑받는다는 것을 피부로 느낍니다.

전 세계 어디든 사람이 사는 곳에는 고양이가 있습니다. 어디를 가든 고양이는 고양이. 함께 사는 사람의 삶이 곧 고양이의 삶으로 이어집니다. 저는 세계유산으로 등재된 유명한 유적에 사는 고양이도 찾아갑니다. 하지만 평범하고 일상적인 길이나 집들이 모여 있는 마을에서 매력적인 고양이를 발견하기도 합니다. 벨기에에 갔을 때는 친절한 현지 분과 인연이 되어 일반 가정집 작은 마당에서 한나절 동안 어미 고양이와 새끼 고양이들을 촬영했습니다. 벨기에다움을 표현하려면 어떻게 해야 할지 고민스러웠죠. 완성된 영상은 물과 흙, 공기, 공간, 그곳에서 태어난 어미 고양이와 새끼 고양이들. 그렇습니다. 그냥 그 자체가 벨기에였습니다.

아침 고양이는 한 폭의 그림입니다. 담벼락에 뛰어올라 시야를 넓히고 아직 잠자는 소리가 들리는 이른 아침의 마을을 우아하게 순찰합니다. 고양이는 역동감뿐 아니라 조용한 아름다움도 겸비하고 있습니다. 그리고 고양이는 우리가 어딘가에서 잃어버린 자연스러운 모습, 즉 야생의 모습을 불러일으켜 줍니다.

작년에 반려견 수를 반려묘 수가 앞질렀다고 합니다. 개는 인간에게 충직하지만 고양이는 제멋대로라고들 합니다. 무리 지어 살아온 개는 리더가 필요하지만 무리 짓지 않는 고양이는(사자도 포함해서) 좋든 싫든 자기가 리더입니다. 다만 최근 들어 꼭 그렇지도 않구나, 싶을 때가 있습니다. 전 세계의 수많은 고양이 중에는 주인이 하는 말을 기뻐하며 순순히 듣는 고양이도 있으니까요.

저는 고양이를 찍을 때 시선을 고양이와 같은 높이로 맞춥니다. 고양이의 시선에서 보면 인간의 발이나 지면의 단단함, 흙의 색깔과 냄새, 더욱 작은 것들의 활동이 오롯이 느껴집니다. 고양이에게는 거짓말을 할 수가 없습니다. 고양이는 한순간의 만남으로 판단합니다. 그래서인지

새로운 고양이와 만날 때마다 내 마음속 고양이 사랑이 진짜인지를 확인당하는 것만 같습니다(웃음). 내가 찍고 싶은 고양이 사진이 아니라, 그 고양이의 아름다움과 고상함을 고스란히 사진에 담기 위해 오늘도 고양이에게 말을 겁니다.

"아이, 착하지."

옮긴이 **박제이**

출판 기획·번역자. 고려대학교 문예창작학과를 졸업하고 이화여자대학교 통역번역대학원에서 석사학위를 취득했다. 2014년 이와고 미츠아키 사진전을 보고 작품 세계에 매료되어, 그의 사진집 《고양이》 번역 출간을 기획하고 국내에 소개했다. 사진 한 장에 첫눈에 반해 데려온 고양이 '구름이'와 살고 있다. 옮긴 책으로 소설 《너의 이름은.》을 비롯해 《책이나 읽을 걸》, 《싫지만 싫지만은 않은》, 《공부의 철학》, 《공부의 발견》, 이와나미 시리즈 《악이란 무엇인가》, 《원전 프로파간다》 등이 있다.

고양이를 찍다
고양이 사진술의 결정판

ⓒ 2019 Mitsuaki IWAGO

초판 1쇄 인쇄 2019년 8월 19일 | 초판 1쇄 발행 2019년 8월 26일

지은이 이와고 미츠아키 | **옮긴이** 박제이
펴낸이 고경원 | **편집** 고경원 | **디자인** Studio Marzan 김성미

펴낸곳 야옹서가 | **출판등록** 2017년 4월 3일(제2019-000070호)
주소 (03086) 서울시 종로구 대학로 116, 공공일호 4층
전화 070-4113-0909 | **팩스** 02-6003-0295 | **이메일** catstory.kr@gmail.com

ISBN 979-11-961744-4-6 03660

이 책 내용의 일부 또는 전부를 이용하려면 반드시 사전에
저작권자와 야옹서가의 서면 동의를 받아야 합니다.

이 도서의 국립중앙도서관 출판예정도서목록(CIP)은 서지정보유통지원시스템
홈페이지(http://seoji.nl.go.kr)와 국가자료공동목록시스템(http://www.nl.go.kr)에서
이용할 수 있습니다. (CIP제어번호 : 2019014648)